KB153902

마법의 영어 두뇌 트레이닝

마법의 영어 두뇌 트레이닝

초판 인쇄 2022년 1월 10일
초판 발행 2022년 1월 17일

지은이 데이비드 세인
옮긴이 손경호
펴낸이 박찬익
펴낸곳 ㈜박이정 주소 경기도 하남시 조정대로45 미사센텀비즈 7층 F749호
전화 031)792-1193, 1195 **팩스** 02)928-4683 **홈페이지** www.pjbook.com
이메일 pijbook@naver.com **등록** 2014년 8월 22일 제305-2014-000028호

ISBN 979-11-5848-660-0 03740
* 책값은 뒤표지에 있습니다.

마법의 영어 두뇌 트레이닝

MAGIC ENGLISH BRAIN GAMES

데이비드 세인 지음
손경호 옮김

(주)박이정

머리말

게임 감각으로 두뇌 트레이닝하면서 마법처럼 영어 두뇌를 만든다!

"최근 건망증이 심해졌다" "매일 퍼포먼스를 더 향상시키고 싶다" "금방 실증을 내는 아이에게 집중력을 북돋우고 싶다"……그런 고민은 없습니까?

두뇌의 절정은 18세 무렵. 그 이후에는 몸의 근력과 마찬가지로 두뇌도 해마다 쇠약해져 갑니다. 하지만, 걱정할 필요는 없습니다! 사실은 두뇌를 올바르게 트레이닝함으로써 어린이부터 어른까지 효율적으로 두뇌를 작동시킬 수 있습니다.

두뇌 트레이닝을 위해서는 "전두전야(前頭前野)"를 활성화시키는 것이 중요합니다. 이곳이 사물의 기억이나 학습, 감정 조절을 담당하고 있기 때문입니다. 그리고 두뇌에 너무 부담을 주지 않고, 기억을 이용한 간단한 작업을 할 때, 이곳이 가장 활성화된다고 합니다. 그것을 위한 도구로서 주목하고 싶은 것이 영어입니다.

영어와 관련된 퀴즈 형식의 다양한 문제를 풀어서 게임 감각으로 '영어 두뇌'를 만들 수 있습니다. 퍼즐이나 수수께끼, 계산, 일상 영어회화의 보충 문제 등, 18세(고교 3학년 정도)라면 풀 수 있는 수준의 문제에 몰두하는 사이에 어른들에게는 옛날에 배운 영어의 기억이나 지식을 일깨워 주고 아이들에게는 새롭게 영어의 '원어민 감각'을 익힐 수 있을 것입니다.

즉 영어로 트레이닝함으로써 일반적인 두뇌 트레이닝 이상의 효과를 얻을 수 있습니다.

이 책에서는 모든 각도에서 두뇌를 활성화하기 위해서, 다양한 종류의 '영어에 관한 문제'를 담았습니다. '하루 15분의 영어 두뇌 트레이닝'을 습관화하는 것만으로 마법에 걸린 것처럼 금방 두뇌가 활성화되어 18일 후면 어느새 영어 두뇌로 생각하는 자기 자신을 알게 될 것입니다.

2019년 여름

데이비드 세인

한국어판 서문

미국인인 저에게 "어떻게 해서 영어를 그렇게 잘 할 수 있었습니까?"라고 묻는 사람은 없습니다.

저 자신도 특별히 영어를 공부하지 않고도 영어를 말할 수 있게 되었습니다(미국에서 태어나 자랐으므로, 당연하다고 하면 당연합니다만). 하지만 영어를 '공부한다'라고 하면 힘든 일이 됩니다. 어려운 문법 용어를 외우거나, 단어와 숙어를 외워야 하기 때문입니다.

'어떻게든 즐겁게 게임 감각으로 영어를 익힐 수는 없을까?' 라는 발상으로 태어난 것이 《마법의 영어 두뇌 트레이닝》입니다.

하루에 15분 퀴즈를 풀면서 영어를 말할 수 있다면 최고겠지요?

저 스스로 즐기면서 영어 끝말잇기와 잰말놀이, 속담, 숫자 등 원어민이라면 당연히 알고 있을 말을 다양한 퀴즈로 만들어 보았습니다.

게임 감각으로 할 수 있도록, 화장지나 주사위, 지도, 틀린 그림찾기 등 마치 그림책 작가가 된 것 같은 기분으로 디자인에도 신경을 썼습니다. 어떻습니까?

영어를 '공부해야지'라고 생각하면 고통스럽지만, '영어로 즐겨야지'라고 생각하면 의욕도 생깁니다. 꼭 이 책으로 놀면서 영어를 사용할 수 있도록 하세요.

이 《魔法の英語脳トレ》(마법의 영어 두뇌 트레이닝)이 한국어로 도 출판되는 것은 저에게 매우 기쁜 일입니다. 속편으로 《もっと魔法の英語脳トレ》(더욱 마법의 영어 두뇌 트레이닝)도 일본에서 출판되었으므로, 관심이 있는 분은 꼭 이 책도 주목해 주십시오.

많은 영어 기피증을 앓는 사람들 중에서 단 한 사람이라도 영어 기피증을 없애는데 이 책이 도움이 되었으면 하는 바람입니다.

2021년

데이비드 세인

두뇌의 각부와 기능 대뇌는 장소에 따라서 기능이 다릅니다.

전두엽(frontal cortex)

기억, 사고, 판단, 감정 등과 관련하여 언어기능을 제어한다. 정보를 통합하여 추리, 판단 등을 하여 행동이나 감정을 제어합니다.

➡ 간단한 계산이나 퍼즐 추천

두정엽(lobus parietalis)

공간적인 정보를 분석, 처리한다. 자신의 몸의 움직임이나, 촉각, 압각, 통각, 온각이라고 하는 피부에 대한 자극을 느낍니다.

➡ 오류 찾기나 지도 문제 추천

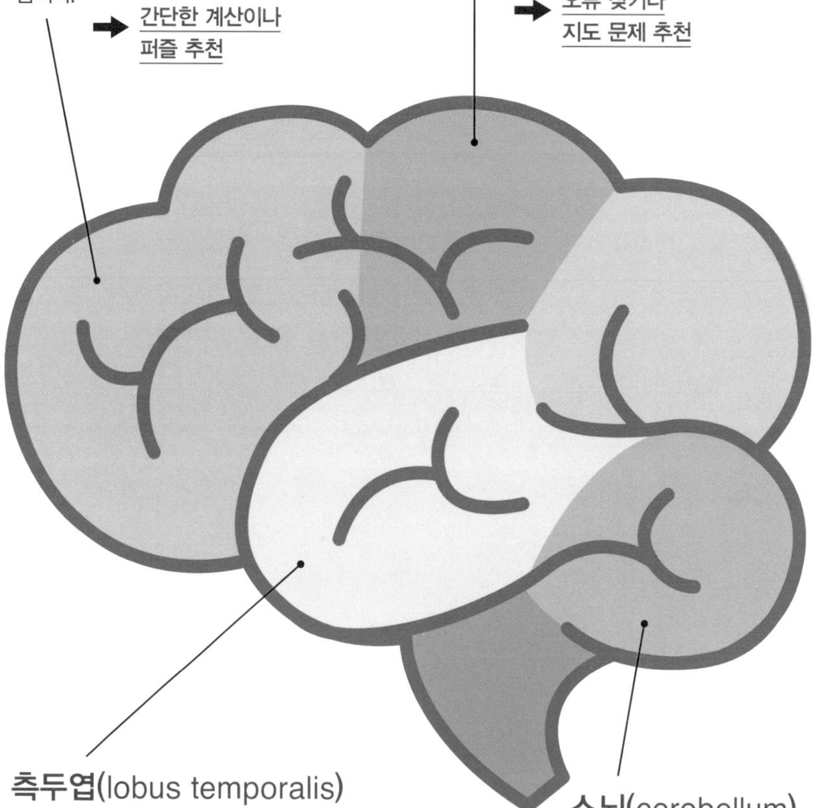

측두엽(lobus temporalis)

청각, 후각 등을 담당하고 귀로부터의 정보를 분석, 처리, 이해한다. 언어의 이해 등 언어 기능을 담당하고 안쪽에는 기억력의 중추인 해마가 있습니다.

➡ 소리내어 읽거나 듣기 문제 추천

소뇌(cerebellum)

손발의 매끄러운 움직임이나, 몸의 균형을 잡기 위한 근육의 움직임을 제어합니다.

➡ 오른손과 왼손을 사용한 글쓰기 문제 추천

두뇌에 좋은 습관

이 책에서는 하버드 대학이나 버지니아 대학 등, 해외의 연구기관으로부터 발표된 학설을 근거로, 두뇌 기능을 영어로 활성화하는 트레이닝을 갖추었습니다. 그 일례를 소개합니다.

영어를 되돌아보는 학습으로 기억력을 향상 !

두뇌는 자극을 아주 좋아합니다. 새로운 것을 학습하면, 신경세포(뉴런)에서 연접부(시냅스)가 가지치기를 하여 다른 신경세포로 연결되고, 새로운 회로를 만듭니다. 두뇌의 기능을 향상시키기 위해서는, 두뇌를 자꾸자꾸 사용하여 신경세포와 그 연접부를 늘려 가는 것이 중요합니다. 새로운 회로가 생기면 그만큼 정보 전달이 빨라지고 기억력도 높아집니다. 반대로 두뇌를 쓰지 않으면 회로의 시냅스는 사라져 버립니다. '잊어버린다'라는 현상은 그 부분의 신경세포와 시냅스가 없어진다는 것입니다.

하버드대학의 과학자들이 발표한 연구에 따르면 두뇌를 젊게 유지하는 데는 몇 가지 요령이 있는데. 그중의 하나로서 '도전하는 것'을 꼽고 있습니다. 두뇌에 짐을 지게함으로써 두뇌가 위축되는 것을 방지하고, 노화에 의한 다양한 손상으로부터 두뇌를 보호하는 것입니다. 구체적으로는 '크로스워드 퍼즐'이나 '암산'을 하는 것, 새로운 악기를 습득하는 것 등입니다.

특히, 이전에 배운 외국어를 복습하는 것은 효과적입니다. 외국어로 의사소통을 하려고 할 때 평소에는 사용하지 않는 두뇌의 연결이 강화되기 때문입니다. 즉 영어를 사용하면 두뇌세포의 연결이 늘어나고 기억력이 확실히 향상될 것입니다!

from
Harvard
University

반복해서 배우고, 계속 배워서 깨끗한 두뇌로

하버드대학 의학부에서는 깨끗한 두뇌를 유지하는 방법을 연구하고 있습니다. 적당한 운동, 충분한 수면, 금연, 균형잡힌 식사……등의 기본적인 건강 습관을 유지한 후에 다음과 같은 습관이 인지기능의 저하를 막아, 치매의 위험을 줄인다고 합니다.

그것은 '계속 배우는 것' '오감을 사용하는 것' '반복하는 것'.

배우기 위해서 사용하는 감각이 많으면 많을수록 두뇌에 기억은 정착되기 쉬워집니다. 냄새가 기억과 깊이 연결되어 있듯이, 보기, 듣기, 냄새

맡기, 맛보기, 만지기 등 오감을 최대한 사용하면서 배우는 것은 기억력을 높이는데 도움이 됩니다. 예를 들어 소리를 내서 읽거나 손으로 글씨를 쓰면 더 강한 기억으로 정착이 되는 것입니다.

적절한 타이밍으로 반복하는 것도 학습방법으로 유효합니다. 1시간에 한 번이나, 몇 시간에 한 번, 그리고 하루에 한 번 등의 비율로 학습하는 것을 습관으로 하여, 적당한 간격을 둠으로써 기억이 정리되어 복잡한 정보를 습득할 수 있습니다.

from the University of Virginia

'공간인지력'으로 이미지화하는 힘을 키워보자

공간인지력이란 물체의 위치나 모양, 방향, 크기 등의 상태나 위치 관계를 빠르고 정확하게 인식하는 힘입니다. 눈앞에 없는 사물을 머릿속에서 상상하고 시각적인 이미지를 형성하는 힘이 있기 때문에 이 능력이 떨어지면 판단하는데 시간이 걸리거나 사물과 거리감을 측정할 수 없게 됩니다.

공간인지력을 연구하는 제이미 지로 조교수(버지니어대학) 등이 4~7세 어린이 847명에게 실시한 조사에서는, 퍼즐이나 블록, 보드게임으로 주 6회 이상 노는 어린이는 공간인지력을 측정하는 블록 배치 테스트에서 다른 어린이보다도 높은 점수를 획득했습니다. 이 결과를 통해 퍼즐이나 블록, 보드게임으로 노는 것이 공간인지력을 높이는 것임을 알 수 있습니다.

하버드대학의 하워드·가드너 교수는, '공간인지력은 인간이 생활하거나 학습하는 기본 능력이며, 또 인간이 예술, 수학, 과학이나 문학 활동을 하는데 있어서 없어서는 안 되는 능력'이라고 자리매김하고 있습니다. 또 심리학자 데이비드 르빈스키 씨는 공간인지력은 '인간 속에서 잠자고 있는 잠재능력 중 가장 큰 부분'이라고 말합니다. 창의력이나 기술 혁신을 위해서 공간인지력이 아주 중요한 역할을 하는 것입니다.

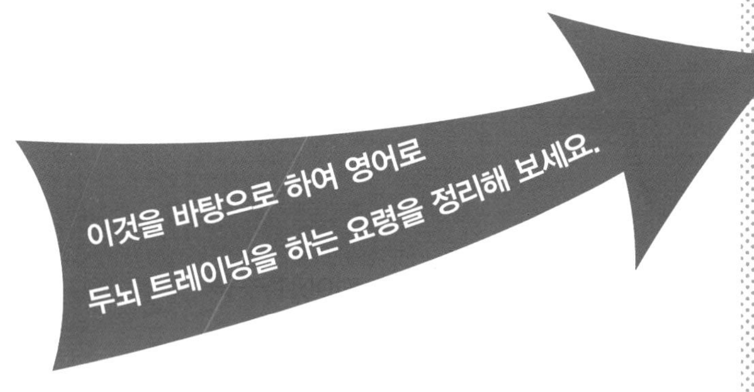

이것을 바탕으로 하여 영어로
두뇌 트레이닝을 하는 요령을 정리해 보세요.

출처

https://www.health.harvard.edu/mind-and-mood/6-simple-steps-to-keep-your-mind-sharp-at-any-age
https://www.powerofpositivity.com/ways-to-keep-your-brain-young

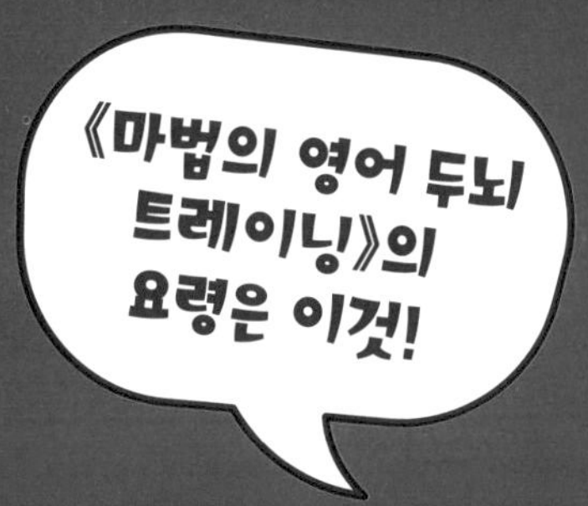

1 영어 사용하기

영어 학습을 되돌아보는 것이 기억력을 자극합니다.

ex. '영어 문장 말하기' '영어 수수께끼' '미국과 다르게 쓰는 영어' 등

2 이미지력 키우기

오류 찾기나 지도문제 등으로 공간인지력을 높입니다.

ex. '시각 맞추기?' '전개도 조립하기' '달러로 계산하기' '일러스트를 보고 대답하기' 등

3 간단한 계산이나 단순한 퍼즐하기

전두엽을 활성화시켜 머리 전체의 기능을 높입니다.

ex. '영어 끝말잇기' '가위바위보 토너먼트' '단어 찾기 퍼즐' '주사위 문제' 등

4 소리내어 읽거나 듣기문제 풀기

ex. '속담 알아듣기' '잰말놀이 알아듣기' '일상 영어회화 알아듣기' 등

5 매일 습관화하기

매일 반복함으로 뇌가 싱싱하고 젊어집니다.

ex. '여행 영어회화 완성하기' '일상 영어회화 완성하기' '일본문화를 영어로 말해보기' 등

CONTENTS

《마법의 영어 두뇌 트레이닝》을 하면 몸에 배는 능력

이 책을 DAY 1에서 DAY 18까지 18일간, 완벽하게 읽고 풀면, 다양한 '뇌'의 능력이 마법처럼 향상됩니다!

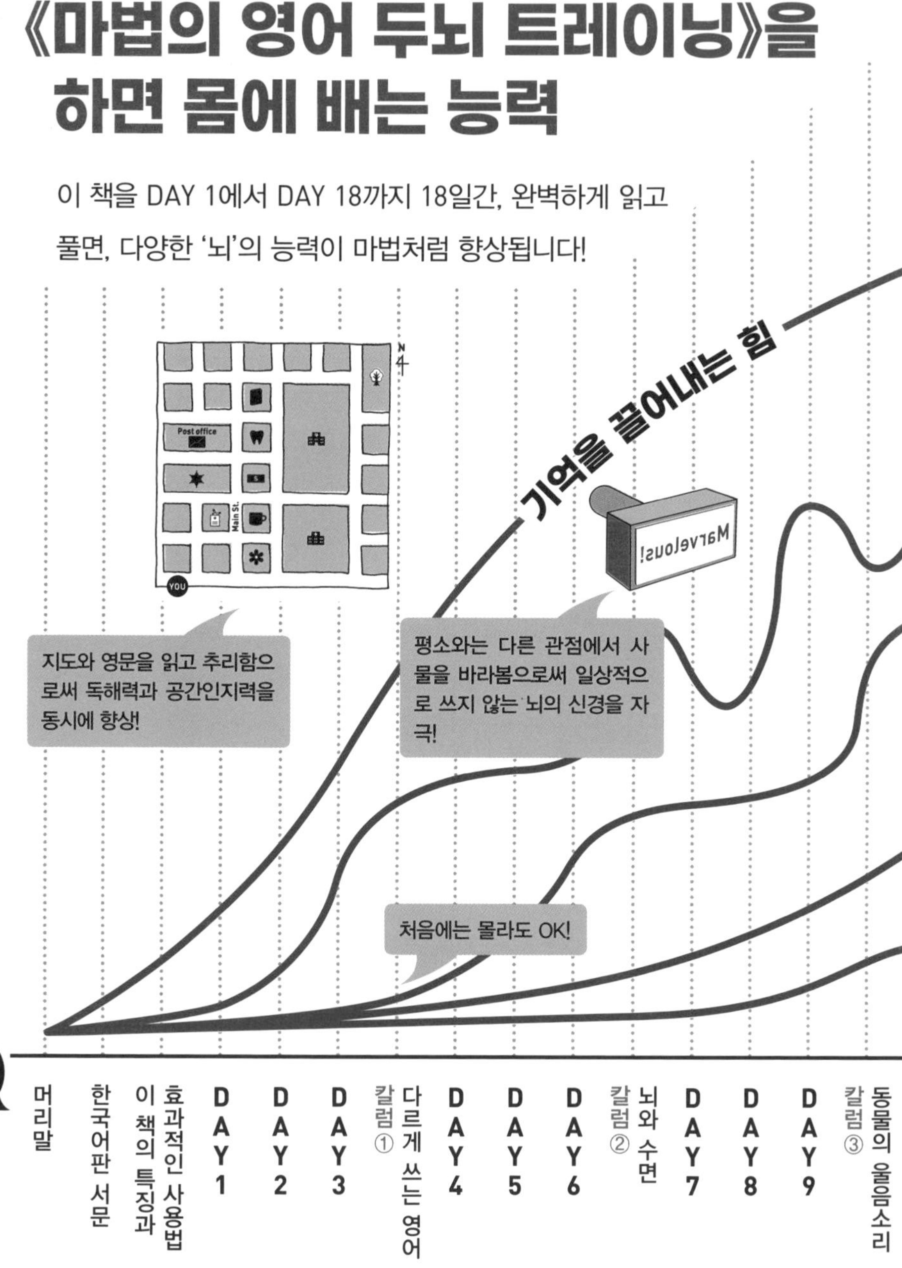

기억을 끌어내는 힘
Post office
Main St.
YOU
Marvelous!
지도와 영문을 읽고 추리함으로써 독해력과 공간인지력을 동시에 향상!
평소와는 다른 관점에서 사물을 바라봄으로써 일상적으로 쓰지 않는 뇌의 신경을 자극!
처음에는 몰라도 OK!

목차

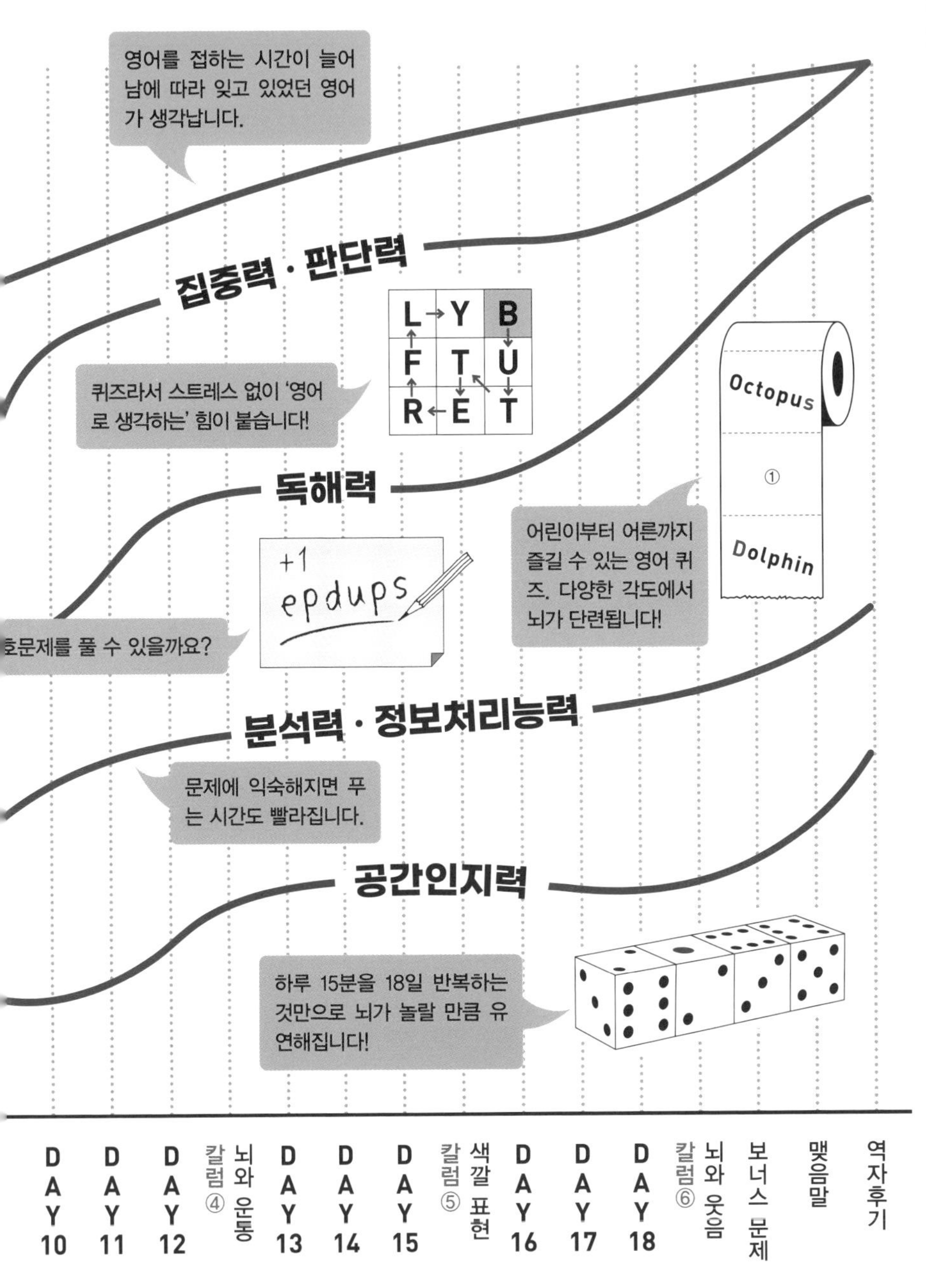
영어를 접하는 시간이 늘어남에 따라 잊고 있었던 영어가 생각납니다.
집중력 · 판단력
L Y B F T U R E T
Octopus
①
Dolphin
퀴즈라서 스트레스 없이 '영어로 생각하는' 힘이 붙습니다!
독해력
+1
epdups
어린이부터 어른까지 즐길 수 있는 영어 퀴즈. 다양한 각도에서 뇌가 단련됩니다!
호문제를 풀 수 있을까요?
분석력 · 정보처리능력
문제에 익숙해지면 푸는 시간도 빨라집니다.
공간인지력
하루 15분을 18일 반복하는 것만으로 뇌가 놀랄 만큼 유연해집니다!

이 책의 특징과 효과적인 사용법

퀴즈 감각의 문제에 영어로 도전하기

모든 문제는 영어와 관련된 퀴즈로 되어 있습니다. 주관식 문장의 문제도 있지만, 내용은 원어민이라면 초등학생도 풀 수 있을 만큼 간단한 것뿐입니다. 게임 감각으로 가볍게 도전해 보세요.

읽기 , 쓰기 , 말하기로 뇌를 자극하기

이 책에서 다루는 퀴즈 문제는 독해력과 필기, 청취 등 다양성이 풍부하고, 모든 각도에서 뇌를 활성화시킵니다.

목표시간 지키기

각 문제는 가능한 한 목표 시간 내에 끝내도록 합시다. 시간을 지키는 것이 뇌의 기능을 더욱 높입니다.

별의 수로 난이도 파악하기

별의 수로 문제마다 난이도를 알 수 있습니다. 어려운 문제에 도전하는 것은 뇌에 좋은 자극을 줍니다. 난이도가 높은 문제에도 적극적으로 도전해 보세요.

Regular Question 정답 p.028

Q3 시각 맞추기 독해력 공간인지력 3분 ★★★

다음 영문을 읽고 알맞은 시각을 고르세요.

시계는 거울에 비쳐 거꾸로 된 상태로 되어 있습니다.

시계는 거울에 비쳐 거꾸로 된 상태로 되어 있습니다.

문제 1 Willy woke up at 6:00, and he left his house one hour later. It took him 45 minutes to get to work, then it took him 20 minutes to check his mail.
What time is it now?

①
② 
③ 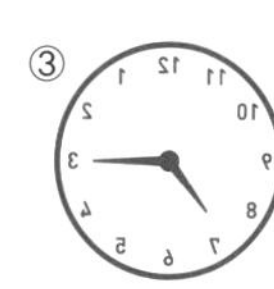

Answer

문제 2 Willy and Milly made plans to meet in the park at 11:30, and then go to lunch together. Willy arrived at 11:15, but Milly arrived 35 minutes later.
What time is it now?

① 
② 
③ 

Answer

024

5 1일 15분 두뇌 트레이닝 습관들이기

Q1~Q6까지의 문제를 15분 안에 풀어보세요.
매일 15분 두뇌 트레이닝을 습관화하면 날마다 '영어두뇌'가 단련되어 성장해 갑니다.

6 두뇌의 어떤 능력을 단련하는 문제인지 바로 파악하기

각 문제에는 뇌의 어느 능력을 활성화하는 지를 알 수 있는 아이콘이 붙어 있습니다. 어려운 분야에도 적극적으로 도전하세요!

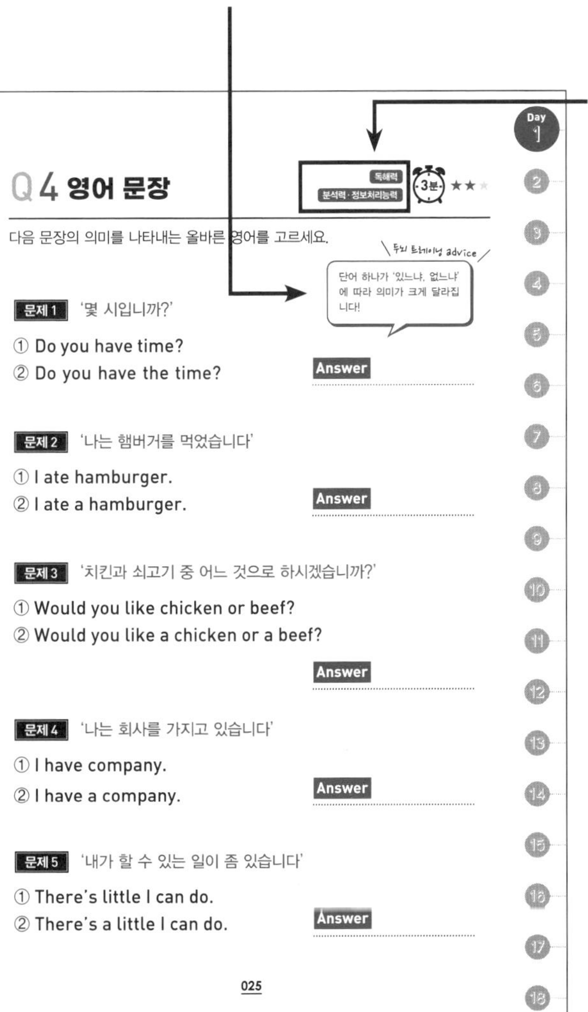

Day 1

Q 4 영어 문장

독해력
분석력·정보처리능력
3분 ★★

다음 문장의 의미를 나타내는 올바른 영어를 고르세요.

두뇌 트레이닝 advice
단어 하나가 '있느냐, 없느냐'에 따라 의미가 크게 달라집니다!

문제 1 '몇 시입니까?'

① Do you have time?
② Do you have the time?

Answer

문제 2 '나는 햄버거를 먹었습니다'

① I ate hamburger.
② I ate a hamburger.

Answer

문제 3 '치킨과 쇠고기 중 어느 것으로 하시겠습니까?'

① Would you like chicken or beef?
② Would you like a chicken or a beef?

Answer

문제 4 '나는 회사를 가지고 있습니다'

① I have company.
② I have a company.

Answer

문제 5 '내가 할 수 있는 일이 좀 있습니다'

① There's little I can do.
② There's a little I can do.

Answer

025

2 3 4 5 6 7 8 9 10 11 12 13 14 15 16 17 18

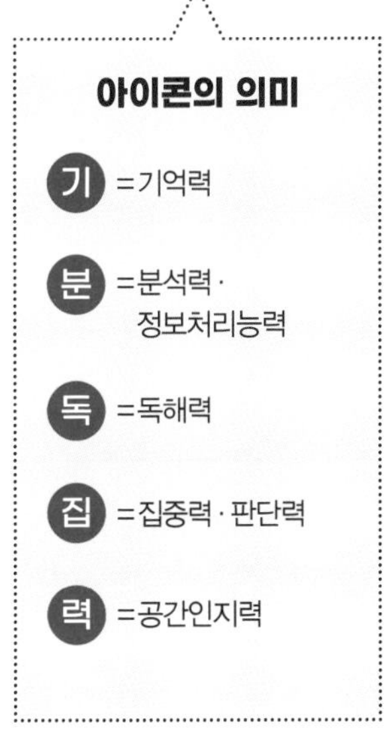

아이콘의 의미
기 =기억력
분 =분석력·정보처리능력
독 =독해력
집 =집중력·판단력
력 =공간인지력

지금 바로 QR 코드찍기 !

이 책의 '듣기 문제'는 이하의 QR코드에 스마트폰으로 접속하는 것만으로, 곧바로 음성을 들을 수 있습니다. 또 QR코드를 찍으면 듣기 문제 외에도 다양한 혜택을 받으실 수 있습니다.

QR 코드를 찍으면 할 수 있는 것

★ 이 책의 듣기 문제를 들을 수 있습니다 !

★ 보너스 퀴즈의 정답을 알 수 있습니다 !

★ 데이비드 세인의 메시지가 도착합니다 !

★ 데이비드 세인으로부터 졸업장을 받을 수 있습니다 !

QR코드만 찍으면 됩니다!

접속방법

스마트폰으로 QR코드를 찍기 위해서는 메신저 앱 'LINE'을 사용합니다. LINE 앱의 '친구 추가' 화면에서 QR코드를 찍으면, LINE의 친구 추가 완료. 그 후 각 페이지에 있는 '키워드'를 talk화면에 입력하기만 하면 OK. 손가락을 움직여 뇌에 자극을 줍니다. 오타에 주의해서 도전해 보세요.

음성을 다운로드하고 싶은 사람

음성을 다운로드해서 듣고 싶은 사람은 이하의 URL 다운로드 사이트에 접속하세요.

https://www.intelingo.co.jp/dl/

QR코드를 찍으면 예시 문제로 GO!

음성을 듣고 두뇌 준비 체조를 하세요.

키워드 "happy"

단어 알아듣기

왼쪽 페이지에서 QR코드를 찍으면 바로 듣기문제로 도전합니다.

오른쪽 상단의 키워드 'happy'를 LINE의 talk화면에 입력하세요.

음성을 듣고 알맞은 단어를 고르세요..

문제 1

① turtle ② circle ③ purple

문제 2

① right ② light ③ white

문제 3

① loose ② lose ③ truth

문제 4

① desert ② dessert ③ dentist

문제 5

① aspire ② inspire ③ vampire

 정답은 다음 페이지

p.019 의 정답과 해설

정답

문제 1 ② circle **문제 2** ② light **문제 3** ② lose

문제 4 ① desert **문제 5** ② inspire

해설

문제 1 ① turtle(거북이) ② circle(고리) ③ purple(보라색)

문제 2 ① right(오른쪽) ② light(빛) ③ white(흰색)

문제 3 ① loose(느슨하다) ② lose(잃다) ③ truth(진실)

문제 4 ① desert(사막) ② dessert([케이크 등의] 디저트)
③ dentist(치과의사)

문제 5 ① aspire(열망하다) ② inspire(영감을 주다)
③ vampire(흡혈귀)

오감을 충분히 활용함으로써 뇌가 활성화됩니다.

문자 정보만을 쫓아 온 상태에서 머리를 바꾸고 귀로 정보를 넣음으로써 여러분의 뇌는 충분히 자극받아 준비 체조가 끝난 상태일 것입니다.

바로 1일째 문제에 도전해 보세요.

이제 "마법의 영어 두뇌 트레이닝"을 시작하세요.

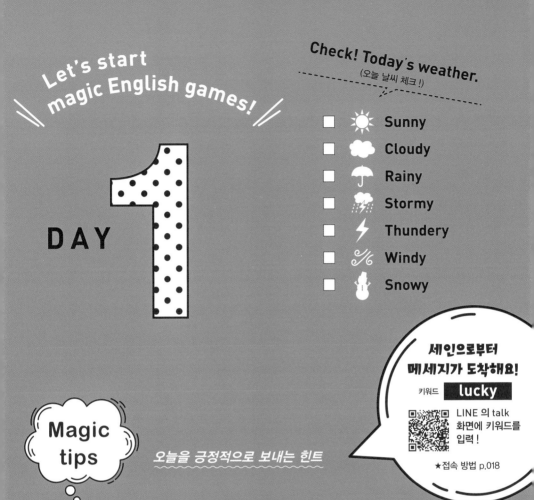

Let's start magic English games!

DAY 1

Check! Today's weather.
(오늘 날씨 체크 !)

- ☐ Sunny
- ☐ Cloudy
- ☐ Rainy
- ☐ Stormy
- ☐ Thundery
- ☐ Windy
- ☐ Snowy

세인으로부터 메세지가 도착해요!

키워드 **lucky**

LINE 의 talk 화면에 키워드를 입력 !

★접속 방법 p.018

Magic tips

오늘을 긍정적으로 보내는 힌트

- **Choose a color that you don't normally wear.**
  평소에 입지 않는 색상의 옷을 골라보세요.
- **Find something from nature and use it to decorate your room.**
  자연에서 뭔가를 찾아 방에 장식해 보세요.
- **Write down a dream that you would like to fulfill.**
  이루고 싶은 꿈을 써 보세요 .

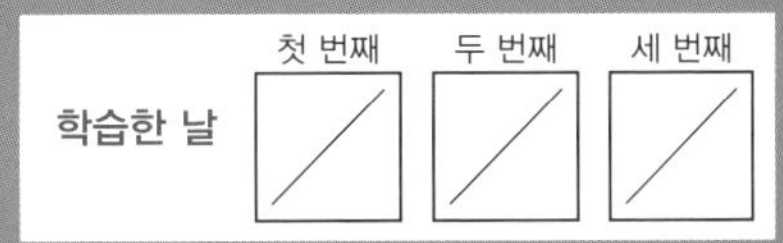

Warm-Up Question

Q1 영어 끝말잇기

독해력 기억력 2분 ★★★

앞 단어의 마지막 알파벳에서 시작하는 단어를 이어갑니다. 빈칸에 들어갈 단어를 써주세요.

힌트 각각 같은 장르의 다섯 글자의 단어가 들어갑니다.

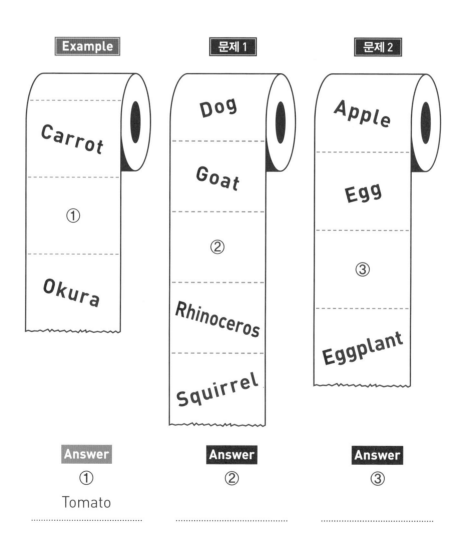

Example	문제 1	문제 2
Carrot	Dog	Apple
①	Goat	Egg
Okura	②	③
	Rhinoceros	Eggplant
	Squirrel	

Answer	Answer	Answer
① Tomato	②	③

듣기 문제

키워드 **sky**

LINE 의 talk 화면에 키워드를 입력 !

★접속 방법 p.018

Q 2 속담 알아듣기!

음성을 듣고 빈칸에 들어갈 알맞은 단어를 고르세요.

독해력 기억력

문제 1 A good beginning (   ) (   ) good ending.
시작이 좋으면 끝도 좋다.

① is a ② makes a ③ takes a

Answer ....

문제 2 Necessity is the (   ) (   ) invention.
필요는 발명의 어머니.

① mother for ② mother of ③ mother on

Answer ....

문제 3 Rome wasn't built in (   ) (   ).
로마는 하루아침에 이루어지지 않았다.

① a day ② one day ③ the day

Answer ....

문제 4 (   ) (   ) believing.
백문이 불여일견.
(백번 듣는 것보다 한번 보는 것이 낫다.)

① See is ② Seeing is ③ Seen is

Answer ....

문제 5 When the cat is away, the mice (   ) (   ).
호랑이 없는 골에 토끼가 왕 노릇한다.

① is playing ② are playing ③ will play

Answer ....

Regular Question

정답 p.028

Q3 시각 맞추기

독해력
공간인지력

3분

다음 영문을 읽고 알맞은 시각을 고르세요.

시계는 거울에 비쳐 거꾸로 된 상태로 되어 있습니다.

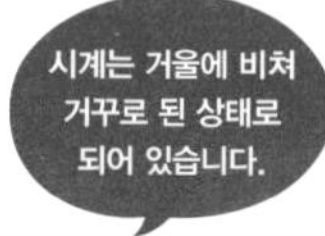

시계는 거울에 비쳐
거꾸로 된 상태로
되어 있습니다.

문제 1 Willy woke up at 6:00, and he left his house one hour later. It took him 45 minutes to get to work, then it took him 20 minutes to check his mail.
What time is it now?

① 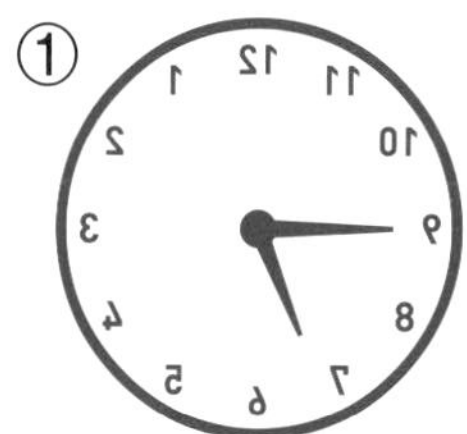

② 

③ 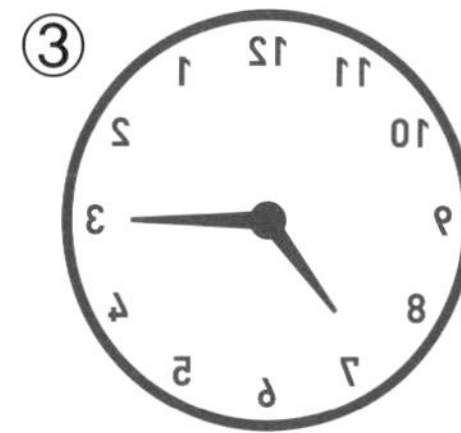

Answer

문제 2 Willy and Milly made plans to meet in the park at 11:30, and then go to lunch together. Willy arrived at 11:15, but Milly arrived 35 minutes later.
What time is it now?

① 

② 

③ 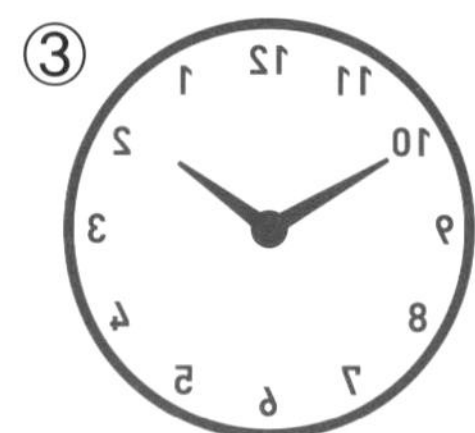

Answer

Q 4 영어 문장

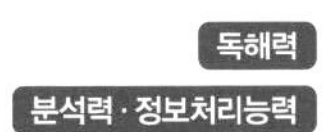

다음 문장의 의미를 나타내는 올바른 영어를 고르세요.

두뇌 트레이닝 advice

단어 하나가 '있느냐, 없느냐'에 따라 의미가 크게 달라집니다!

문제 1 '몇 시입니까?'

① Do you have time?
② Do you have the time?

Answer

문제 2 '나는 햄버거를 먹었습니다'

① I ate hamburger.
② I ate a hamburger.

Answer

문제 3 '치킨과 쇠고기 중 어느 것으로 하시겠습니까?'

① Would you like chicken or beef?
② Would you like a chicken or a beef?

Answer

문제 4 '나는 회사를 가지고 있습니다'

① I have company.
② I have a company.

Answer

문제 5 '내가 할 수 있는 일이 좀 있습니다'

① There's little I can do.
② There's a little I can do.

Answer

Challenge Question

정답 p.028

Q 5 여행 영어회화 완성하기

다음 여행 문구의 괄호 안에 들어갈 알맞은 단어를 고르세요.

문제 1 탑승 수속을 하고 싶은데요. → I'd like to (　　　) in.

① come　② go　③ check

Answer ....

문제 2 창가 쪽 자리를 부탁합니다. → I'd like a window (　　　).

① chair　② seat　③ desk

Answer ....

문제 3 이 짐은 기내에 반입할 수 있습니까?
→ Can I take this luggage on (　　　)?

① board　② airplane　③ air

Answer ....

문제 4 탑승시간은 몇 시입니까? → (　　　) time do we board?

① When　② How　③ What

Answer ....

문제 5 ABC항공 111편은 정각에 출발합니까?
→ Will ABC Flight 111 (　　　) on time?

① leave　② take　③ go

Answer ....

문제 6 담요 좀 갖다 주실래요?
→ Could you (　　　) me a blanket?

① take　② hold　③ bring

Answer ....

Q 6 전개도 조립하기

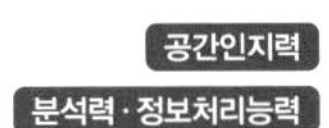

다음 전개도에서 정육면체를 만들었을 때 완성된 결과로서 올바른 것을 고르세요.

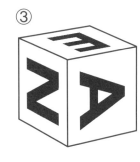

①

②

③

Answer

p.022-027 정답 & 해설

Q1

정답 문제 1 Tiger 문제 2 Grape

해설 문제 1 동물의 끝말잇기
Dog(개) → Goat(염소) → Tiger(호랑이) → Rhinoceros(코뿔소) → Squirrel(다람쥐)로 이어집니다.
문제 2 음식의 끝말잇기
Apple(사과) → Egg(계란) → Grape(포도) → Eggplant(가지)로 이어집니다.

Q2

정답 문제 1 ② 문제 2 ② 문제 3 ①
문제 4 ② 문제 5 ③

해설 문제 1 A good beginning makes a good ending. (시작이 좋으면 끝도 좋다.)
문제 2 Necessity is the mother of invention. (필요는 발명의 어머니)
문제 3 Rome wasn't built in a day. (로마는 하루아침에 이루어지지 않았다.)
문제 4 Seeing is believing. (백문이 불여일견 [백번 듣는 것보다 한번 보는 것이 낫다.])
문제 5 When the cat is away, the mice will play. (호랑이 없는 골에 토끼가 왕 노릇한다.)

Q3

정답 문제 1 ② 문제 2 ①

해설 문제 1 윌리는 6시에 일어나서 1시간 후에 집을 나섰습니다. 직장에 도착할 때까지 45분이 걸렸고, 그리고 나서 메일 확인에 20분이 걸렸습니다. 지금 몇 시입니까?
(답은 8시 5분)
문제 2 윌리와 밀리는 11시 30분에 공원에서 만나서 점심식사를 하러 갈 계획을 세웠습니다. 윌리는 11시 15분에 도착했지만, 밀리는 35분 늦게 도착했습니다. 지금 몇 시입니까?
(답은 11시 50분)

Q4

정답 문제 1 ② 문제 2 ② 문제 3 ①
문제 4 ② 문제 5 ②

해설 문제 1 ①의 Do you have time? 라고 하면 time에 관사가 없기 때문에 '시간 있어요?' → '한가해요?'라는 헌팅 문구가 됩니다.
문제 2 ①의 I ate hamburger. 라고 하면 hamburger에 관사가 없기 때문에 '나는 햄버그(스테이크)를 먹었습니다.' 라고 메뉴가 바뀌게 됩니다.
문제 3 ②의 Would you like a chicken or a beef? 라고 하면 '닭 한 마리와 소 한 마리의 어느 것으로 하시겠습니까?'라고 살아있는 닭 한 마리인지 소 한 마리인지의 두 가지 선택이 됩니다.
문제 4 ①의 I have company. 라고 하면 부정관사 a가 없기 때문에 '고객'을 가리키며, '고객이 있습니다'는 뜻이 됩니다.
문제 5 ①의 There's little I can do. 라고 하면 little (아무것도 없다)이니까 '내가 할 수 있는 일이 거의 없습니다' 라고 다른 뜻이 됩니다.

Q5

정답 문제 1 ③ 문제 2 ② 문제 3 ①
문제 4 ③ 문제 5 ① 문제 6 ③

Q6

정답 문제 1 ③

Little and often fills the purse.
티끌 모아 태산
포기하면 안돼요!

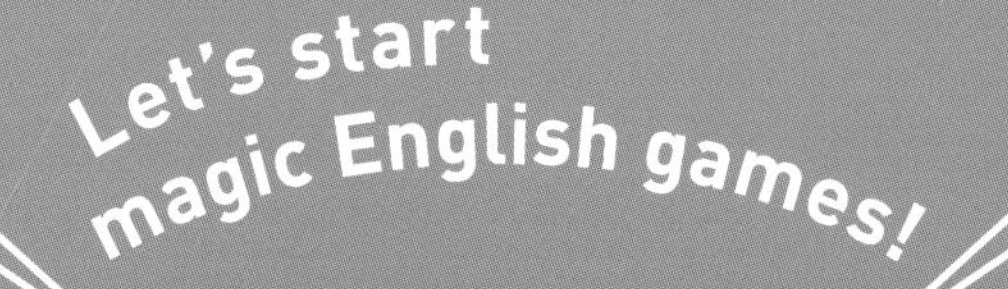

Check! Today's weather.
(오늘 날씨 체크 !)

- ☐ Sunny
- ☐ Cloudy
- ☐ Rainy
- ☐ Stormy
- ☐ Thundery
- ☐ Windy
- ☐ Snowy

세인으로부터
메세지가 도착해요!
키워드
care
LINE 의 talk
화면에 키워드를
입력 !
★접속 방법 p.018

오늘을 긍정적으로 보내는 힌트

- **Sleep in the opposite direction in your bed.**
  평소와 다르게 거꾸로 누워보세요.
- **Touch the ground. Play with dirt or sand.**
  땅을 만져서 진흙과 모래를 가지고 놀아보세요.
- **What are three things you want to accomplish in the coming week? If you tell someone what the three things are, your chances of doing them will increase!**
  다음 주에 하고 싶은 일 세 가지는 무엇일까요? 누군가에게 그걸 얘기해 보면 실제로 해낼 가능성이 커집니다!

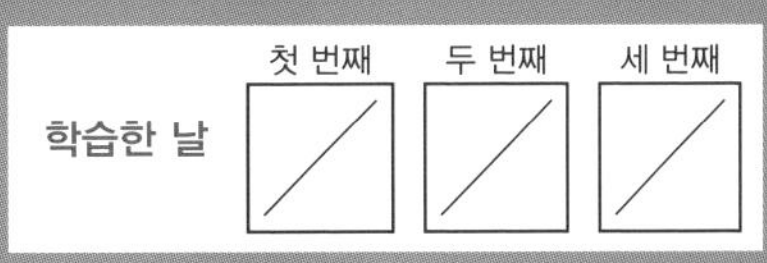

Warm-Up Question

정답 p.036

Q 1 단어 구분하기

다음 사각형 안의 글자는 직선을 그으면 몇 개의 단어로 나눌 수 있습니다.

힌트를 참고로 선을 그으세요.

Example 🔍 **힌트** 직선을 3개 그으면, 단어 3개가 됩니다.

해답 왼쪽부터 CAT(고양이), DOG(개), PIG(돼지), ANT(개미)

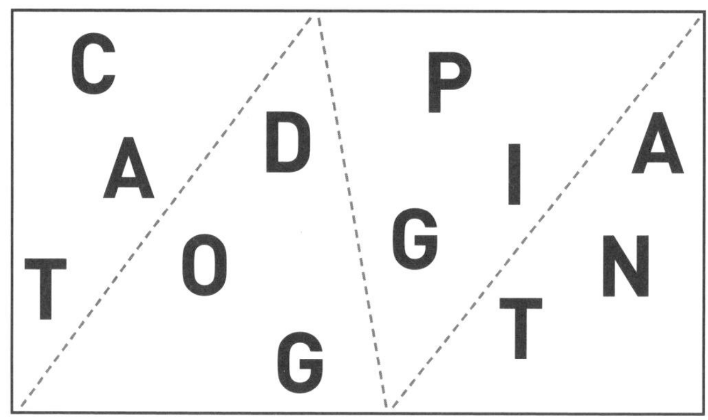

문제 1 🔍 **힌트** 직선을 3개 그으면, 놀이기구 4개가 됩니다.

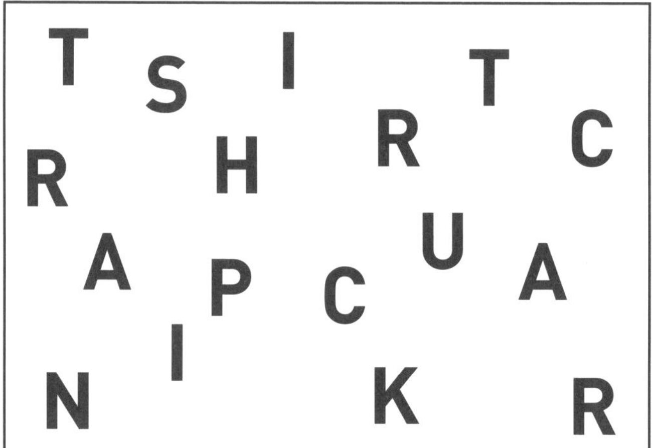

Q 2 산수 문제

다음 문장을 잘 읽고 올바른 답을 고르세요.

문제 1 Sammy has an apple tree that had 30 apples on it. He decided to keep five of them and give the rest to his three neighbors. However, four of them were rotten. How many apples can he give to each neighbor?

① five ② seven ③ nine

Answer ....

문제 2 There is one tomato slice in a sandwich. Add one onion ring and a slice of cheese. Then add a slice of ham. Put one pickle on top of the ham.
How many ingredients are in the sandwich?

① one ② three ③ five

Answer ....

문제 3 There are three carrots on a plate. Your friend gives you a cherry. You give your friend a carrot. Then, you eat one carrot. What is on your plate?

① One carrot and one cherry.
② Two carrots and two cherries.
③ Three carrots and one cherry.

Answer ....

정답 p.036

Q 3 영어 수수께끼

미국 아이들은 수수께끼를 아주 좋아해요. 머리를 유연하게 하여 다음 수수께끼의 답을 고르세요.

문제 1 What has a face and two hands but no arms or legs?

① a clock ② an animal ③ a glass

Answer ....

문제 2 What five-letter word becomes shorter when you add two letters to it?

① lever ② short ③ equal

Answer ....

문제 3 What word begins and ends with an E but only has one letter?

① eye ② eagle ③ envelope

Answer ....

Q4 부족한 숫자로 계산하기

사각형 안에는 1~10까지의 숫자 중 1개 부족한 숫자가 있습니다.

그 숫자를 찾아서 암산하고 답을 영어로 쓰세요.

두뇌 트레이닝 advice

부족한 숫자는 메모하지 말고 암기하세요!

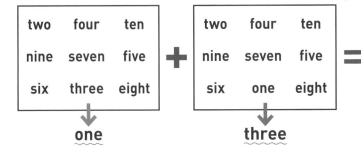

Example

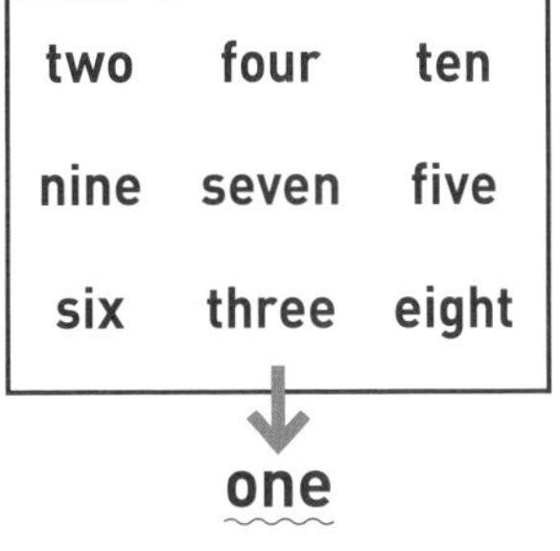

two	four	ten
nine	seven	five
six	three	eight

↓ one

＋

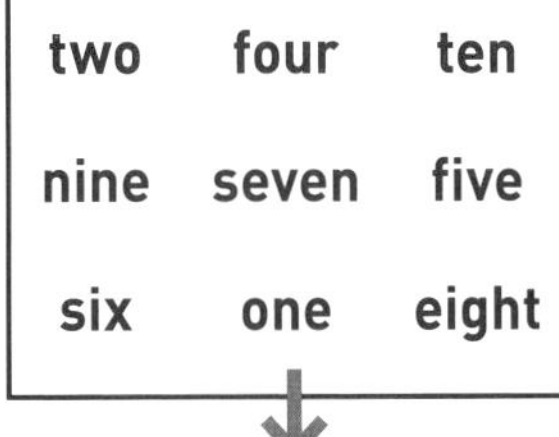

two	four	ten
nine	seven	five
six	one	eight

↓ three

＝ **Answer** four

문제 1

nine	seven	three
six	two	eight
one	four	five

－

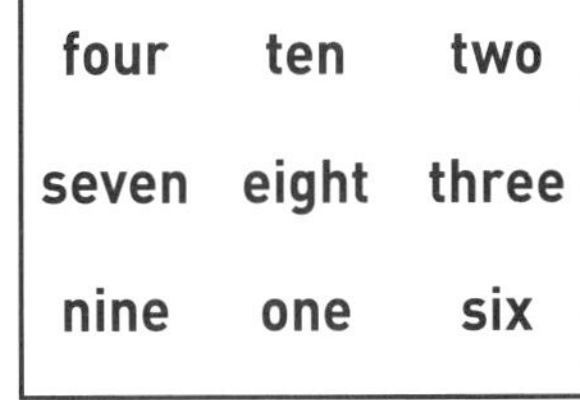

four	ten	two
seven	eight	three
nine	one	six

＝ ?

Answer ....

문제 2

seven	three	nine
one	ten	four
eight	five	two

＋

two	five	ten
nine	four	six
three	eight	one

＝ ?

Answer ....

Challenge Question

정답 p.036

Q 5 가위바위보 토너먼트

①~⑧은 가위바위보를 영어로 표기한 것입니다. 우승은 어디일까요? 가위바위보의 승패를 머릿속에서 기억하면 두뇌 트레이닝도 상승합니다.

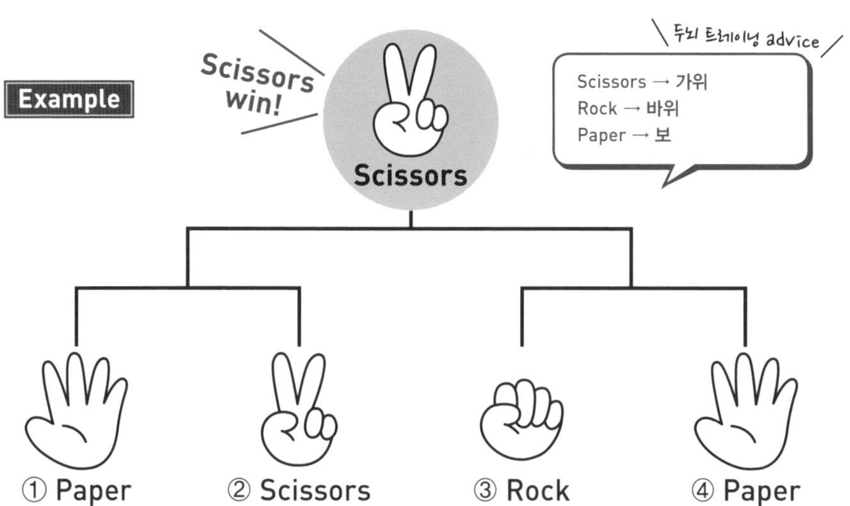

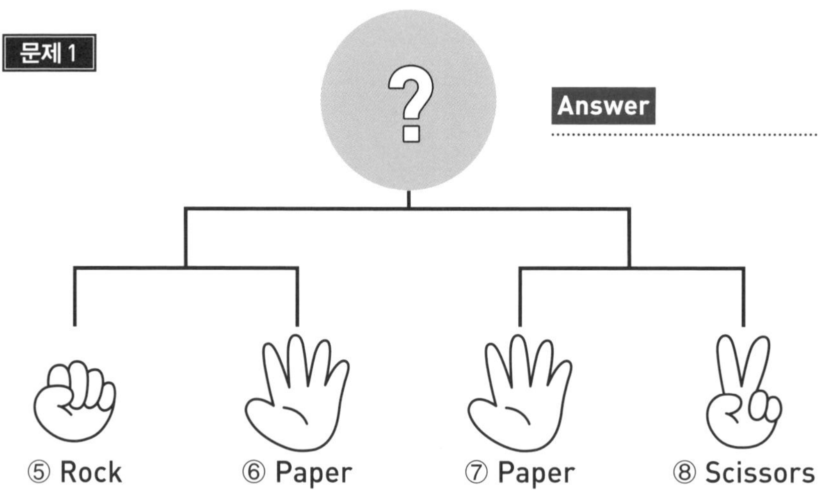

Q 6 일상 영어회화 완성하기

다음 일상 영어회화의 괄호 안에 들어갈 알맞은 단어를 고르세요.

두뇌 트레이닝 advice

바로 보고 목표 시간 안에 순간적으로 대답하세요. 판단력을 기를 수 있습니다.

문제 1 이만 갈게요 → I'm (　　　　).

① away　② for　③ off

Answer ....

문제 2 나중에 만나요 → See you (　　　　).

① after　② behind　③ later

Answer ....

문제 3 즐거운 하루 보내세요 → (　　　　) a good day.

① Be　② Have　③ Take

Answer ....

문제 4 다녀왔습니다. → I'm (　　　　).

① here　② home　③ house

Answer ....

문제 5 어떻게 지냈어요? → (　　　　) have you been?

① How　② What　③ When

Answer ....

문제 6 몸 조심하세요 → Take (　　　　).

① away　② care　③ out

Answer ....

문제 7 마음껏 드세요 → (　　　　) yourself.

① Eat　② Have　③ Help

Answer ....

p.030-035 정답 & 해설

Q1

정답

문제 1

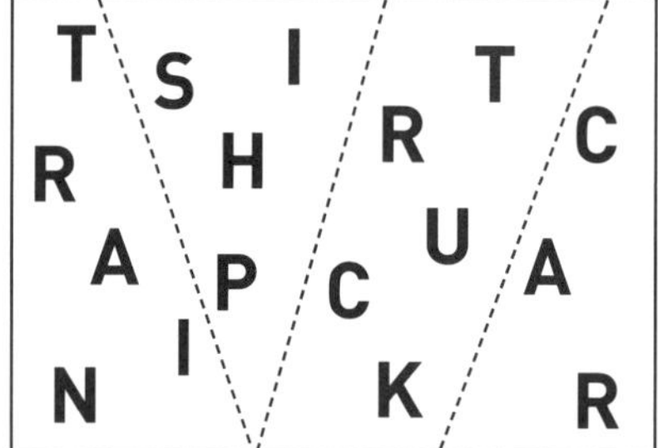

해설

왼쪽부터 TRAIN(기차), SHIP(배), TRUCK(트럭), CAR(자동차)

Q2

정답 문제 1 ② 문제 2 ③ 문제 3 ①

해설 문제 1 새미의 사과나무에는 사과 30개가 열렸습니다. 그는 사과 5개를 남기고, 나머지를 이웃사람 3명에게 주기로 했습니다. 하지만 그 중 4개는 썩었습니다. 이웃사람에게는 몇 개씩의 사과를 줄 수 있을까요? 답: 7개

문제 2 샌드위치에 토마토가 1조각 들어있습니다. 양파 1개와 치즈 1장, 그리고 햄 1개를 추가합니다. 햄 위에 피클을 1개 올립니다. 샌드위치에는 재료가 몇 개 들어있나요?

답: 5개(토마토 1개, 양파 1개, 치즈 1장, 햄 1개, 피클 1개)

문제 3 접시에는 당근 3개가 있습니다. 친구로부터 체리 1개를 받고, 친구에게 당근 1개를 줍니다. 그리고 당근 1개를 먹습니다. 접시 위에는 무엇이 있습니까?

답: 당근 1개와 체리 1개

Q3

정답 문제 1 ① a clock 문제 2 ② short

문제 3 ③ envelope

해설 문제 1 얼굴과 양손은 있는데 팔이나 다리가 없는 것은 무엇일까요?

문제 2 2글자를 더하면, 5글자가 더 짧아지는 단어는 무엇일까요? (short에 2글자를 더하면, shorter가 되므로)

문제 3 E로 시작하고 E로 끝나지만, letter만 들어간 단어는 무엇일까요? (힌트: letter는 '글자'가 아니라 '편지'–를 뜻합니다.)

Q4

정답 문제 1 five (5) 문제 2 ② thirteen (13)

문제 3 ③ envelope

해설 문제 1 왼쪽의 사각형 가운데 모자란 숫자는 10, 오른쪽은 5이기 때문에 10–5=5가 됩니다.

문제 2 왼쪽의 사각형 중 모자란 숫자는 6, 오른쪽은 7이기 때문에 6+7=13이 됩니다.

Q5

정답 문제 1 ⑧ Scissors

Q6

정답 문제 1 ③ 문제 2 ③ 문제 3 ②

문제 4 ② 문제 5 ① 문제 6 ②

문제 7 ③

해설 문제 1 I'm off. (이만 갈게요.)

문제 2 See you later. (나중에 만나요.)

문제 3 Have a good day.
(즐거운 하루 보내세요.)

문제 4 I'm home. (다녀왔습니다.)

문제 5 How have you been? (어떻게 지냈어요?)

문제 6 Take care. (몸 조심하세요.)

문제 7 Help yourself. (마음껏 드세요.)

Let's start magic English games!

DAY 3

Check! Today's weather.
(오늘 날씨 체크 !)

- ☐ Sunny
- ☐ Cloudy
- ☐ Rainy
- ☐ Stormy
- ☐ Thunder
- ☐ Windy
- ☐ Snowy

세인으로부터
메세지가 도착해요!

키워드 **focus**

LINE 의 talk
화면에 키워드를
입력 !

★접속 방법 p.018

Magic tips

오늘을 긍정적으로 보내는 힌트

- **Listen to insects. If there are no insects to listen to, think about the last time you enjoyed listening to a cricket or other insect.**
  벌레 소리에 귀를 기울여 보세요. 벌레가 우는 소리가 들리지 않는다면 마지막으로 귀뚜라미나 다른 벌레 소리를 들으며 즐겼던 것을 생각해 보세요.
- **Praise someone for something they've done.**
  다른 사람이 한 일에 대해 칭찬해 주세요.
- **Start a new hobby today.**
  오늘부터 새로운 취미를 시작하세요.

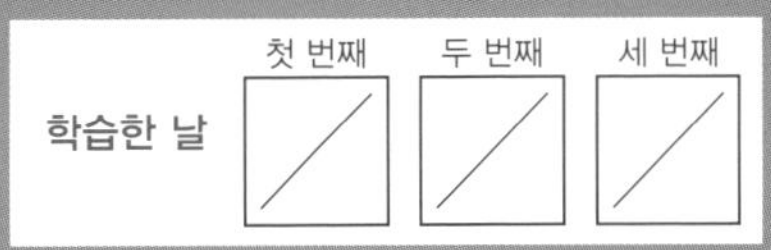

Warm-Up Question

정답 p.044-045

Q 1 스탬프 찾기

집중력·판단력 공간인지력

아래의 스탬프는 '1단어로만으로 통하는 문구'입니다. 각각 뭐라고 하는 단어일까요? 단어의 뜻을 생각하면서 올바른 철자를 써주세요.

\ 두뇌 트레이닝 advice /

거꾸로 된 글자에서 본래의 글자를 이미지하여 공간인지도를 높입니다!

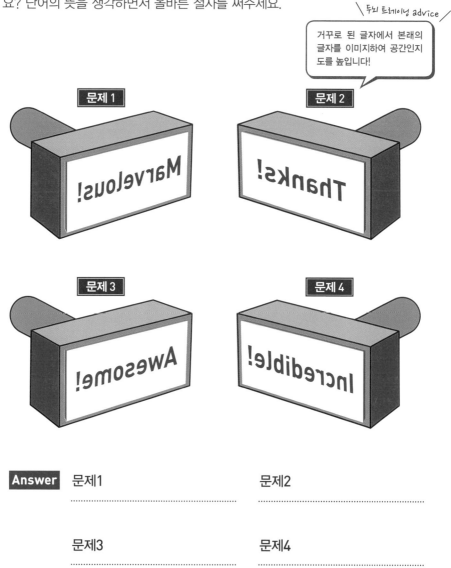

문제 1

Marvelous!

문제 2

문제 3

문제 4

Answer

문제1 ....

문제2 ....

문제3 ....

문제4 ....

듣기 문제

키워드 **star**

LINE 의 talk 화면에 키워드를 입력 !

★접속 방법 p.018

Q 2 잰말놀이 알아듣기!

영어 잰말놀이입니다. 음성을 듣고 다음 괄호 안에 들어갈 단어를 고르세요.

기억력 / 집중력 · 판단력

3분 ★★★

문제 1 People pick (   ) peas.

① pink ② pig ③ pair

Answer ....

문제 2 Eight apes ate (   ) apples.

① apes' ② eight ③ hate

Answer ....

문제 3 Can you can a (   ) as a canner can can a can?

① can ② canner ③ cat

Answer ....

문제 4 The rain in Spain (   ) mainly in the plain.

① pays ② rains ③ stays

Answer ....

문제 5 Vivian believes violent, (   ) bugs have very big value.

① valuable ② violent ③ violet

Answer ....

정답 p.044-045

Q3 다르게 쓰는 영어를 올바른 영어로 고치기

다음 영어표현은 원어민에게 잘 전달되지 않을 수 있습니다. 다음 괄호 안에 단어를 넣어 올바른 영어로 고치세요.

문제 1 사이다 → (   ) pop

Answer ....

문제 2 주스 → (   ) drink

Answer ....

문제 3 핸드폰 → (   ) phone

Answer ....

문제 4 슈크림 → (   ) puff

Answer ....

문제 5 페트병 → (   ) bottle

Answer ....

문제 6 프라이드 포테이토 → (   ) fries

Answer ....

문제 7 밀크티 → tea with (   )

Answer ....

문제 8 모닝 서비스 → breakfast (   )

Answer ....

문제 9 물티슈 → wet (   )

Answer ....

Q 4 달러로 계산하기

다음 그림에 있는 1센트, 5센트, 25센트, 50센트 동전과 1달러, 5달러, 10달러, 20달러 지폐를 더하면 얼마가 되는지 계산하세요.

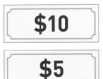

두뇌 트레이닝 advice

중간에 금액을 메모하지 말고 머릿속으로만 생각해 보세요.

Example

$1 $5

25 cents, 10 cents, 1 cent

Answer

= 6달러 36센트

문제 1

$10 $20

Answer

= ....

문제 2

$1 $20

1 cent, 5 cents, 25 cents

Answer

= ....

문제 3

$10 $5 $1

50 cents, 10 cents, 1 cent

Answer

= ....

1 2 Day 3 4 5 6 7 8 9 10 11 12 13 14 15 16 17 18

Challenge Question

정답 p.044-045

Q5 일러스트를 보고 대답하기

문제 1 위 일러스트에 대해서 영문으로 말하고 있습니다.
①~③의 설명 중에 틀린 것은 어느 것일까요?

① Momotaro and Urashimataro are playing by the sea.
② The monkey is swinging from the tree branch.
③ The turtle that is swimming is carrying a treasure chest on its back.

Answer ....

문제 2 다음 영어 지시에 따라 주세요.
Circle all the turtles in the illustration.

문제 3 How many starfishes are there?

Answer ....

p.038-043 정답 & 해설

Q1

정답 문제 1 Marvelous!(대단하다!)
문제 2 Thanks!(고마워요!)
문제 3 Awesome!(훌륭하다!)
문제 4 Incredible!(믿을 수 없다!)

Q2

정답 문제 1 ① 문제 2 ② 문제 3 ①
문제 4 ③ 문제 5 ③

해설 문제 1 People pick pink peas.
(사람들은 분홍색 완두콩을 줍습니다.)
문제 2 Eight apes ate eight apples.
(원숭이 8마리가 사과 8개를 먹었습니다.)
문제 3 Can you can a can as a canner can can a can?
(통조림 업자가 깡통을 통조림으로 할 수 있듯이 당신이 깡통을 통조림으로 할 수 있습니까?)
문제 4 The rain in Spain stays mainly in the plain.
(스페인에서 비는 주로 평야에 내립니다.)
문제 5 Vivian believes violent, violet bugs have very big value.
(비비안은 난폭한 보라색 곤충이 매우 큰 가치가 있다고 믿습니다.)

Q3

정답 문제 1 soda 문제 2 soft
문제 3 mobile 문제 4 cream
문제 5 plastic 문제 6 French
문제 7 milk 문제 8 special
문제 9 wipes

Q4

정답 문제 1 30달러 56센트
문제 2 21달러 31센트
문제 3 16달러 61센트

Happiness lies in the joy of achievement and the thrill of creative effort.
행복은 성취의 기쁨과 창조적 노력이 주는 쾌감 속에 있다. (by 루즈벨트)

Q5

정답 문제 1 ③ 문제 2 3개, 검은 동그라미 참조 문제 3 ⑤

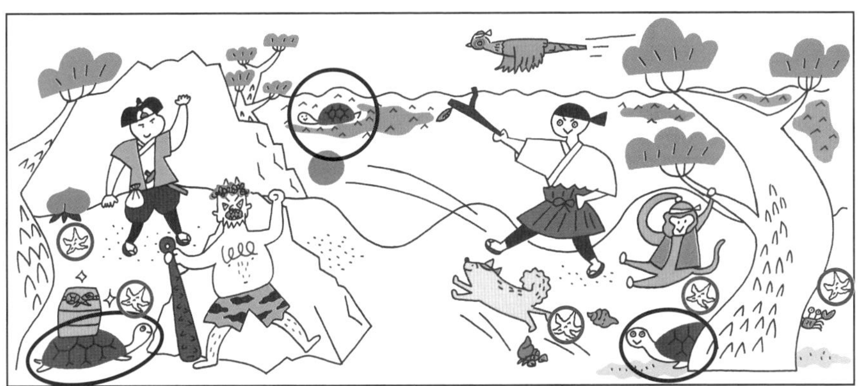

해설 문제 1 ①모모타로와 우라시마타로가 바닷가에서 놀고 있습니다.
②원숭이가 나뭇가지에 매달려 있습니다.
③헤엄치고 있는 거북이가 보물상자를 등에 지고 나르고 있습니다.
문제 2 일러스트 내에 있는 모든 거북이에게 동그라미를 치세요.
문제 3 불가사리는 몇 마리 있습니까?

★↑위 일러스트 보너스 문제★

How many pine trees are there?

정답 3개

해설 위 일러스트 중에 소나무는 몇 그루가 있습니까?

세계 동화나 옛날 이야기의 제목을 영어로 말해 보세요.

한국어 제목	영어 제목
▫토끼와 거북이	The Tortoise and the Hare
▫빨간 모자	Little Red Riding Hood
▫백설공주	Snow White
▫미운 오리새끼	The Ugly Duckling
▫개미와 베짱이	The Ant and the Grasshopper
▫양치기 소년	The Boy Who Cried Wolf
▫엄지공주	Thumbelina
▫바람과 해님	The North Wind and the Sun

more 두뇌 트레이닝

more English!!

〈칼럼 1〉

다르게 쓰는 영어란 뭘까요?

미국의 맥도날드에서 '빅맥 세트 주세요'라고 주문하면 알아듣지 못할 수도 있습니다. 미국에서는 'Big Mac Combo Meal'이나 그냥 'Big Mac Meal'이라고 하기 때문이지요. 그래서 우리나라에서는 'BTS 세트'라고 하지만, 미국에서는 'BTS meal'이라고 합니다. 우리가 자주 쓰는 영어 중에 미국과 다른 표현이 많은데, 어떻게 만들어졌는지 분류하면 다음과 같습니다.

❶ 잘못 알아들은 영어를 그대로 표기한 것

→ 미싱, 마후라 등

❷ 멋대로 이미지로 영어를 만들어 버린 것

→ OL, 오토바이 등

❸ 단어를 생략하여 만든 것

→ 프로, 파마, 노트, 테레비, 아파트 등

❹ 두 단어의 일부를 결합하여 만든 것

→ 매스컴, 볼펜, 오피스텔 등

❺ 영어가 아닌 말을 영어 어원으로 착각하여 사용하는 것

→ 아르바이트, 앙케트, 바캉스 등

❻ 원래의 영어와는 의미나 사용법이 다른 것

→ 커닝, 빌라, 매너리즘 등

이것들은 이미 일상 회화에도 정착한 '독자적인 진화를 이룬 다르게 쓰는 영어'입니다. 따라서 영어권에서는 통하지 않기 때문에, 기회가 있을 때마다 올바른 영어를 익히도록 하세요. IT의 진화와 함께, 오늘도 새로운 다르게 쓰는 영어가 탄생하고 있으니 다르게 쓰는 영어는 조심하세요!

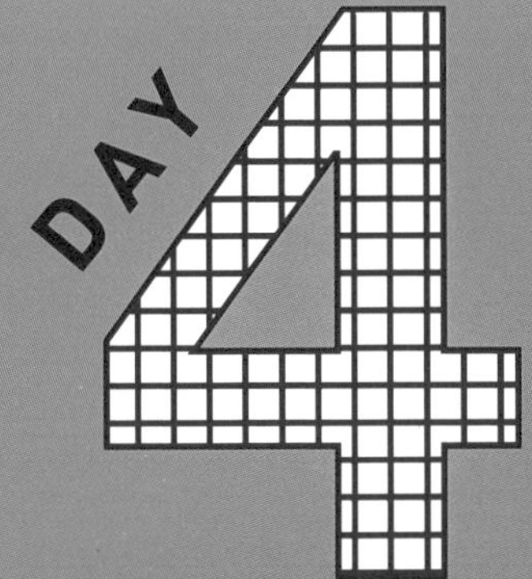

Check! Today's weather.
(오늘 날씨 체크 !)

- ☐ Sunny
- ☐ Cloudy
- ☐ Rainy
- ☐ Stormy
- ☐ Thundery
- ☐ Windy
- ☐ Snowy

세인으로부터
메세지가 도착해요!
키워드 friend
LINE 의 talk
화면에 키워드를
입력 !
★접속 방법 p.018

오늘을 긍정적으로 보내는 힌트

- **Put a green plant in your kitchen.**
  부엌에 녹색 식물을 갖다 놓으세요.
- **Talk to someone you've never talked to before.**
  전에 한 번도 얘기해 본적이 없는 상대와 이야기를 해보세요.
- **See if you can find a place where you can experience silence for one minute.**
  1분 동안 고요함을 경험할 수 있는 장소를 찾을 수 있는지 알아보세요.

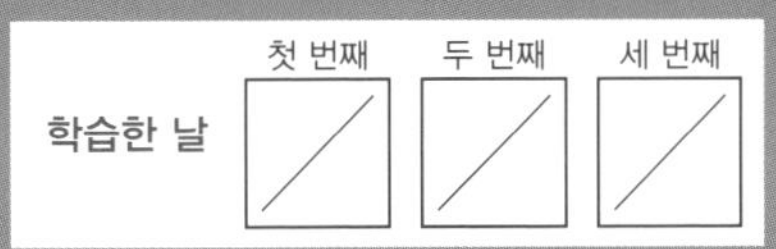

Warm-Up Question

정답 p.054

Q 1 왕따 단어 찾기

오른손과 왼손으로 동그라미를 그려주면 뇌가 더욱 활성화됩니다.

문제 1 힌트 학교와 관련된 단어입니다.

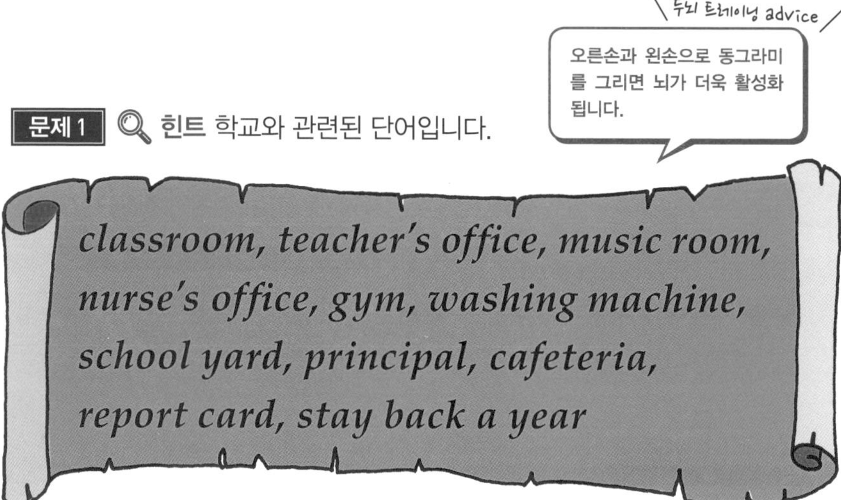

두뇌 트레이닝 advice
오른손과 왼손으로 동그라미를 그리면 뇌가 더욱 활성화됩니다.
classroom, teacher's office, music room, nurse's office, gym, washing machine, school yard, principal, cafeteria, report card, stay back a year

문제 2 힌트 슈퍼마켓 매장입니다.

the fruit and vegetable section, the meat and poultry section, the fish and seafood section, pitcher's mound, the produce section, the dairy section, the frozen food section

Q 2 '나' 알아맞추기

우리 주변의 '어떤 것'이 자기소개를 하고 있습니다. 문장 안의 '내'가 무엇인지 알파벳 첫 글자를 힌트로 영어로 답하세요.

문제 1

- I look like snow.
- I come from the ocean.
- I disappear in water.
- I make your food taste better.
- What am I?

Answer s

문제 2

- I have many cars.
- I am very large.
- Many people sit and stand inside of me everyday.
- What am I?

Answer t

문제 3

- You can type on me, watch me, talk to me and listen to me.
- What am I?

Answer s

정답 p.054

Q3 일본문화를 영어로 말해보기

다음 단어를 영어로 바꿔보세요. 알파벳의 첫 글자가 힌트입니다.

문제 1 절(寺) → t________ **Answer** ....

문제 2 신사(神社) → s________ **Answer** ....

문제 3 좌선(坐禪) → Z________ meditation **Answer** ....

문제 4 필사경전(筆寫經典) → c______ sutra **Answer** ....

문제 5 선향(線香) → incense s________ **Answer** ....

문제 6 승려(僧伽) → B________ monk **Answer** ....

문제 7 황거(皇居) → Imperial P________ **Answer** ....

문제 8 무덤(墓) → g________ **Answer** ....

문제 9 성(城) → c________ **Answer** ....

문제 10 새전(賽錢) → o________ **Answer** ....

Q4 단어 찾기 퍼즐

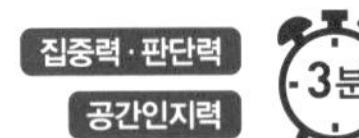

★★★

사각형으로 둘러싸인 알파벳 속에 12개의 단어가 숨어 있습니다. 단어 중에는 글자가 거꾸로 되어 있는 것도 있습니다. 힌트를 참고로 해서 각 단어를 선으로 둘러싸세요.

글자가 거꾸로 된 것도 있어요!

힌트 1~12월을 영어로 말하면?

J	E	J	W	Y	L	U	J	Y	K
A	P	A	U	G	U	S	T	R	Y
N	P	M	F	N	B	E	T	A	U
U	M	R	S	B	E	P	M	U	O
A	E	A	I	D	L	T	C	R	R
R	G	Z	R	L	V	E	F	B	N
Y	C	D	E	C	E	M	B	E	R
A	Q	W	I	D	H	B	H	F	A
Y	H	R	E	B	M	E	V	O	N
O	C	T	O	B	E	R	J	X	G

비슷한 것도 있어요!

정답 p.054

Q 5 좌석 맞추기 게임

다음 그림은 생일파티용으로 세팅된 좌석의 순서입니다.

일러스트를 잘 본 후에 다음 물음에 답하세요.

두뇌 트레이닝 advice

오른손과 왼손으로 동그라미를 그려주면 뇌가 더욱 활성화됩니다.

Mary
Katie
Jane
Peter
Table
Tom
Anna
Lucy
Paul

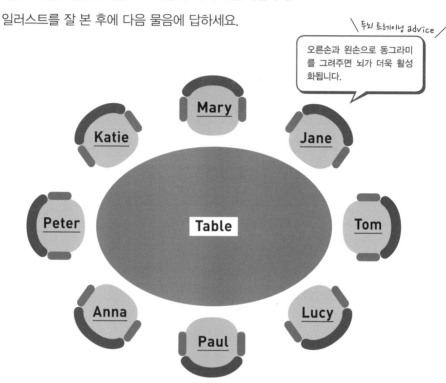

문제 1 Who will sit between Katie and Anna?

문제 2 Who will sit directly opposite Paul?

문제 3 Which boy has the shortest name?

문제 4 How many chairs are there?

Answer 문제1 .... 문제2 .... 문제3 .... 문제4 ....

Q 6 전화영어회화 알아듣기!

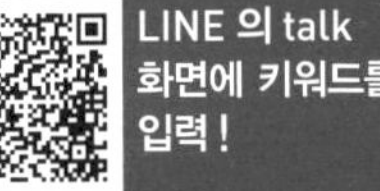

★접속 방법 p.018

음성을 듣고 괄호 안에 들어갈 단어를 고르세요.

★★★

Day 4 5 6 7 8 9 10 11 12 13 14 15 16 17 18

문제 1 (　　　　) (　　　　) speak to Ms. Green?
그린 씨와 통화할 수 있습니까?

① Am I　　② Can I　　③ May I

Answer ....

문제 2 I'm (　　　　) (　　　　) (　　　　) from Ms. Green.
그린 씨로부터 전화가 와서 다시 걸고 있습니다.

① turning the call　　② returning a call　　③ reading your call

Answer ....

문제 3 I'll (　　　　) (　　　　) (　　　　) later.
나중에 다시 걸겠습니다.

① call you back　　② call you again　　③ talk you back

Answer ....

문제 4 Could you tell her that (　　　　) (　　　　)?
그녀에게 전화 왔었다고 전해주시겠습니까?

① I talked　　② I told　　③ I called

Answer ....

문제 5 Could you (　　　　) (　　　　) (　　　　)?
말씀 좀 전해주시겠습니까?

① tell my message
② take a message
③ talk the message

Answer ....

p.048-053 정답 & 해설

Q1

정답 문제 1 washing machine(세탁기)
문제 2 pitcher's mound(투수 마운드)

해설 문제 1 classroom(교실), teacher's office(교무실), music room(음악실), nurse's office(양호실), gym(체육관), washing machine(세탁기), school yard(학교 운동장), principal(교장 선생님), cafeteria(식당), report card(성적표), stay back a year(유급)
문제 2 the fruit and vegetable section (청과매장), the meat and poultry section (정육매장), the fish and seafood section (생선매장), pitcher's mound(투수 마운드), the produce section(채소매장), the dairy section(유제품매장), the frozen(냉동식품매장)

Q2

정답 문제 1 salt(소금) 문제 2 train(전철)
문제 3 smartphone(스마트폰)

해설 문제 1 나는 눈처럼 보입니다. 바다에서 태어났습니다. 물속에서는 사라집니다. 음식을 맛있게 합니다. 나는 무엇일까요?
문제 2 나는 차량을 많이 가지고 있습니다. 아주 큽니다. 많은 사람들이 매일 내 안에 앉거나 서거나 합니다. 나는 무엇일까요?
문제 3 나에게 문자를 입력하거나, 나를 보거나, 나에게 말을 걸거나, 내 이야기를 들을 수 있습니다. 나는 무엇일까요?

Q3

정답 문제 1 temple(절) 문제 2 shrine(신사)
문제 3 Zen meditation(좌선)
문제 4 copying sutra(필사 경전)
문제 5 incense stick(선향)
문제 6 Buddhist monk(승려)
문제 7 Imperial Palace(황거)
문제 8 grave(무덤) 문제 9 castle(성)
문제 10 offering(새전)

Q4

해설

J	E	J	W	Y	L	U	J	Y	K
A	P	A	U	G	U	S	T	R	Y
N	P	M	F	N	B	E	T	A	U
U	M	R	S	B	E	P	M	U	O
A	E	A	I	D	L	T	C	R	R
R	G	Z	R	L	V	E	F	B	N
Y	C	D	E	C	E	M	B	E	R
A	Q	W	I	D	H	B	H	F	A
Y	H	R	E	B	M	E	V	O	N
O	C	T	O	B	E	R	J	X	G

Q5

정답 문제 1 Peter 문제 2 Mary 문제 3 Tom
문제 4 Eight

해설 문제 1 Who will sit between Katie and Anna? (케이티와 안나 사이에 앉은 사람은 누구입니까?)
문제 2 Who will sit directly opposite Paul? (폴의 맞은편에 앉은 사람은 누구입니까?)
문제 3 Which boy has the shortest name? (가장 이름이 짧은 남자아이는 누구입니까?)
문제 4 How many chairs are there? (의자는 몇 개 있습니까?)

Q6

정답 문제 1 ③ 문제 2 ② 문제 3 ①
문제 4 ③ 문제 5 ②

해설 문제 1 May Ispeak to Ms. Green? (그린 씨와 통화할 수 있습니까?)
문제 2 I'm returning a call from Ms. Green. (그린 씨로부터 전화가 와서 다시 걸고 있습니다.)
문제 3 I'll call you back later. (나중에 다시 걸겠습니다.)
문제 4 Could you tell her that I called? (그녀에게 전화 왔었다고 전해주시겠습니까?)
문제 5 Could you take a message? (말씀 좀 전해주시겠습니까?)

Let's start magic English games!

Check! Today's weather.
(오늘 날씨 체크 !)

- ☐ Sunny
- ☐ Cloudy
- ☐ Rainy
- ☐ Stormy
- ☐ Thundery
- ☐ Windy
- ☐ Snowy

DAY 5

세인으로부터
메세지가 도착해요!

키워드 **give**

LINE 의 talk 화면에 키워드를 입력 !

★접속 방법 p.018

Magic tips

오늘을 긍정적으로 보내는 힌트

- **Go somewhere where there are people and just watch them. Think about what they're thinking.**
  사람이 있는 곳으로 가서 그냥 바라보세요. 그들이 무슨 생각을 하는지 생각해 보세요.
- **Give all the change in your pocket to charity.**
  주머니 속의 잔돈을 모두 자선단체에 기부하세요.
- **Calculate how many days old you are and celebrate.**
  얼마를 살아왔는지 계산하고 기념하세요.

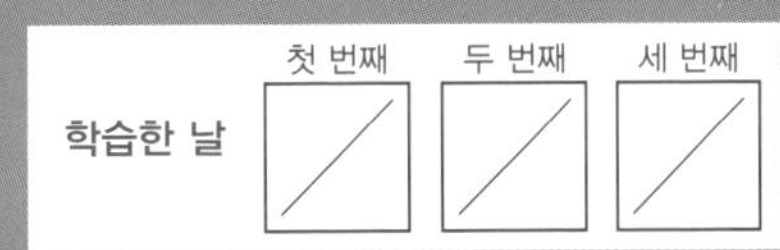

정답 p.062

Q1 단어 완성하기

다음 빈칸에 알파벳을 넣으면 동물 이름이 나옵니다. 화살표 순으로 글자를 쫓아 알맞은 알파벳을 쓰세요.

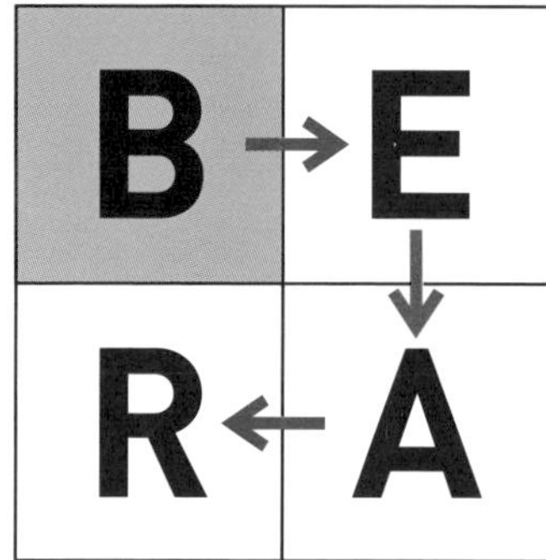

Answer BEAR

색칠한 칸부터 시작!

문제 1

L	N
	O

Answer ....

문제 2

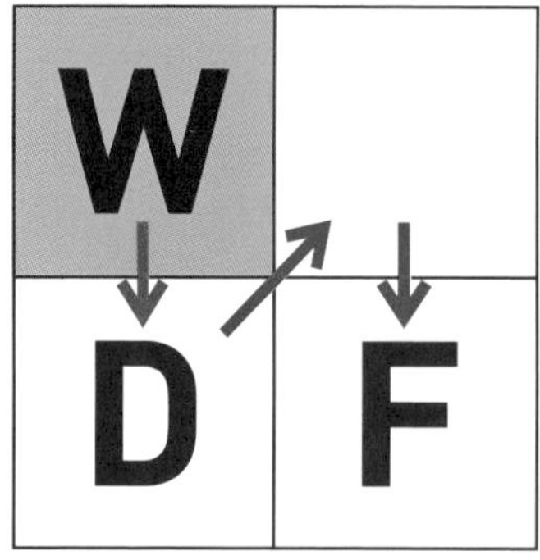

Answer ....

문제 3

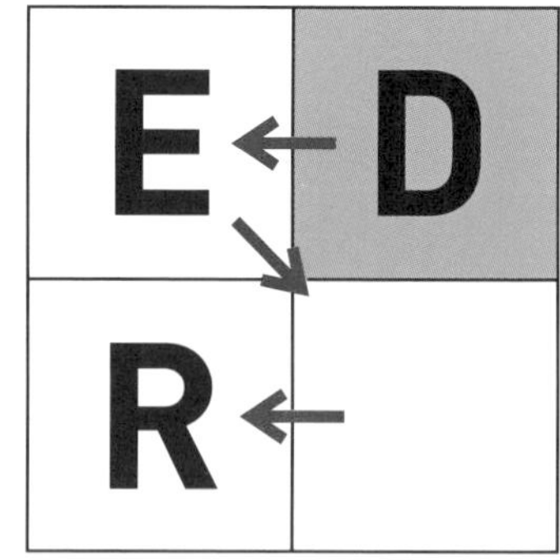

Answer ....

Q 2 영어 수수께끼

미국 아이들은 수수께끼를 아주 좋아해요. 머리를 유연하게 하여 다음 수수께끼의 답을 고르세요.

문제 1 What gets wetter as it dries?

① a bathroom ② an umbrella ③ a towel

Answer

문제 2 Which letter of the alphabet has the most water?

① a ② b ③ c

Answer

문제 3 What starts with a P, ends with an E and has thousands of letters?

① place ② post office ③ picture

Answer

문제 4 What has to be broken before you can use it?

① bread ② a computer ③ an egg

Answer

Q3 범인 알아맞추기

집중력·판단력 독해력 3분 ★★★

다음 글을 잘 읽고 범인을 맞혀보세요.

앤드류(Andrew), 밥(Bob), 크리스(Chris), 샘(Sam) 이렇게 4명은
레스토랑에서 식사한 후에 집으로 돌아왔습니다.
귀가한 후에 각각 뭔가를 눈치챘습니다.
4명의 코멘트는 다음과 같습니다.
샘의 코트를 입고 있는 사람은 누구일까요?

Andrew: I forgot my my coat!

Bob: Oh? This coat has Andrew's name written on it!

Chris: I wasn't wearing a coat, but now I am!

Sam: This coat isn't mine!

Answer

Q 4 주사위 문제

주사위는 앞면이 「1」이면 뒷면은 「6」이 되고, 항상 앞면과 뒷면을 더하면 7이 됩니다. 이것을 근거로 다음 물음에 답하세요.

두뇌 트레이닝 advice
숫자는 메모하지 말고 머릿속에 기억해 두세요!

문제 1 What do the visible numbers add up to, in the figure above?

Answer ....

문제 2 What do the numbers facing the ground add up to?

Answer ....

문제 3 If you add together all the dots on four dice, what is the total?

Answer ....

Challenge Question

정답 p.062

Q5 '나' 알아맞추기

우리 주변의 '어떤 것'이 자기 소개를 하고 있습니다. 문장 안의 '내'가 무엇인지 알파벳 첫 글자를 힌트로 영어로 답하세요.

문제 1

- I fly in the sky with no wings.
- I cry with no eyes.
- I am puffy and white.
- What am I?

Answer c

문제 2

- I grow very quickly.
- I am very important, but sometimes dangerous.
- Water kills me.
- What am I?

Answer f

문제 3

- I'm a sport with a 1,500 year history.
- I'm also the world's oldest organized sport.
- My roots go back to Mongolia, China and Korea.
- My original goal was to entertain the gods.
- There are six main events a year.
- What am I?

Answer s

Q 6 숨은 단어 찾기

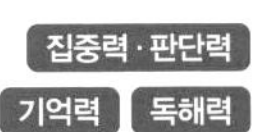

간판의 단어 일부가 숨어 있습니다. 올바른 영어로 답하고, 그 의미를 고르세요.

문제 1

문제 2

문제 3

▶문제1～3의 의미를 다음에서 고르세요.

① 좋아요　　② 조심해요　　③ 괜찮아요

Answer

문제1	문제2	문제3
....	....	....

p.056-061 정답 & 해설

Q1

정답 문제 1 I 문제 2 L 문제 3 E

해설
문제 1 LION (사자)
문제 2 WOLF (늑대)
문제 3 DEER(사슴)

Q2

정답 문제 1 ③ 문제 2 ③ 문제 3 ② 문제 4 ③

해설 문제 1 What gets wetter as it dries?
(마를수록 더 젖는 것은 무엇일까요?)
→ a towel(수건)
문제 2 Which letter of the alphabet has the most water?
(알파벳 중 가장 많은 물을 가지고 있는 글자는 어떤 글자일까요?)
→ c (sea [바다]와 같은 소리니까)
문제 3 What starts with a P, ends with an E and has thousands of letters?
(P로 시작해서 E로 끝나고 수천 통의 편지를 가지고 있는 것은 무엇일까요?)
→ post office(우체국)
문제 4 What has to be broken before you can use it?
(사용하기 전에 깨뜨려야 하는 것은 무엇일까요?)
→ an egg(계란)

Q3

정답 Chris

해설 Andrew「코트를 두고 왔어요!」
Bob「어? 이 코트 앤드류(Andrew) 이름이 써있어요!」
Chris「코트를 입고 가지 않았는데 다른사람 것을 입고 와버렸어요!」
Sam「이 코트는 내 것이 아니에요!」
※ 앤드류(Andrew)는 코트를 입지 않았고, 밥(Bob)은 앤드류(Andrew)의 코트를 입고 있습니다. 그리고 샘(Sam)은 자신의 코트를 입지 않았기 때문에 정답은 다른 사람의 코트를 입은 크리스(Chris)입니다.

Q4

정답 문제 1 34 문제 2 13 문제 3 84

해설
문제 1 위 그림에서 보이는 숫자를 모두 더하면 얼마입니까?
문제 2 바닥에 접해 있는 숫자의 합계는 얼마입니까?
문제 3 4개의 주사위에 있는 점을 모두 더하면 얼마입니까?

Q5

정답 문제 1 cloud(구름) 문제 2 fire(불)
문제 3 sumo(스모)

해설 문제 1 날개는 없지만 하늘에 떠있습니다. 눈은 없지만 눈물을 흘립니다. 뭉게뭉게 피어오르고 하얗습니다. 나는 무엇일까요?
문제 2 아주 빨리 커집니다. 매우 중요하지만 때로는 위험합니다. 물이 나를 죽입니다. 나는 무엇일까요?
문제 3 1500년의 역사가 있는 스포츠입니다. 세계에서 가장 오래되고 조직화된 스포츠이기도 합니다. 뿌리는 옛 몽골, 중국, 한국으로 거슬러 올라갑니다. 본래의 목적은 신들을 즐겁게 하는 것이었습니다. 연간 6번 큰 대회가 있습니다. 나는 무엇일까요?

Q6

정답 문제 1 ③ No problem. (괜찮아요)
문제 2 ② Watch out.(조심해요)
문제 3 ① Sounds good.(좋아요)

Let's start magic English games!

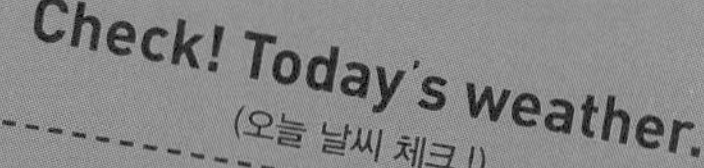

- ☐ Sunny
- ☐ Cloudy
- ☐ Rainy
- ☐ Stormy
- ☐ Thundery
- ☐ Windy
- ☐ Snowy

세인으로부터
메세지가 도착해요!
키워드 glow
LINE 의 talk
화면에 키워드를
입력 !
★접속 방법 p.018

오늘을 긍정적으로 보내는 힌트

- **Peel an apple in one go.**
  사과 껍질을 끊어지지 않게 깎아 보세요.
- **Write down the present that you received that made you the happiest.**
  지금까지 가장 기뻤던 선물을 써 보세요.
- **Find a scent that reminds you of your childhood.**
  어린시절을 생각나게하는 향기를 찾아보세요.

	첫 번째	두 번째	세 번째
학습한 날	/	/	/

Q 1 다음에 올 도형 알아맞추기

그림을 잘 보고 다음 물음에 답하세요.

At the top of the pyramid, there's a question mark.
It needs to be replaced by ①, ② or ③.
Which one is correct?

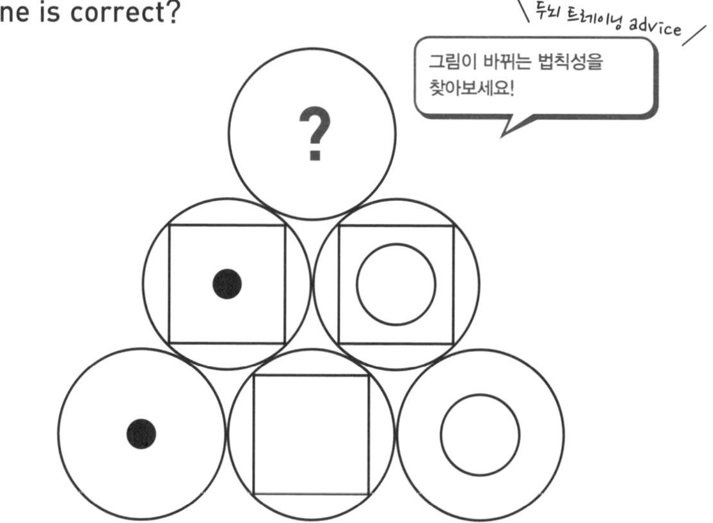

①

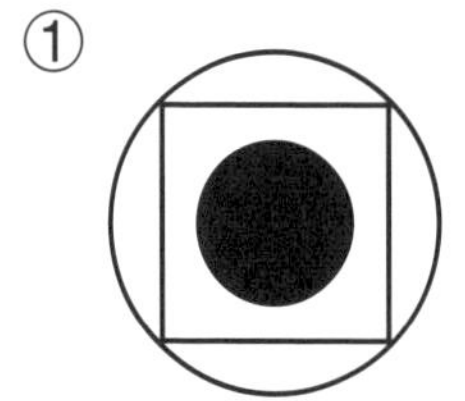

②

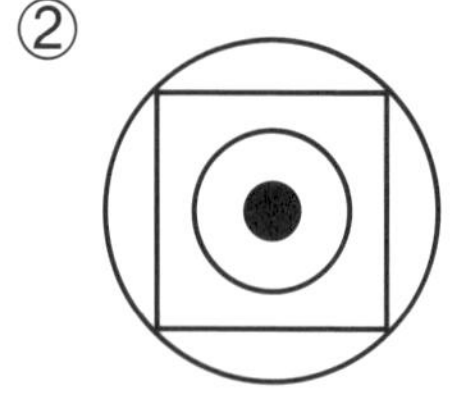

③

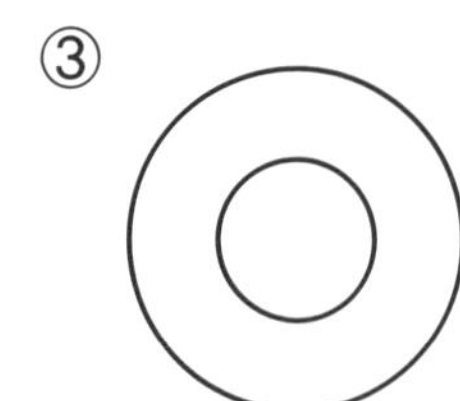

Answer

Q2 피라미드 덧셈

같은 단에 있는 옆의 숫자를 더하면 바로 윗 단의 숫자가 됩니다. 정답란에 들어갈 숫자를 암산하여 그 숫자를 영어로 쓰세요.

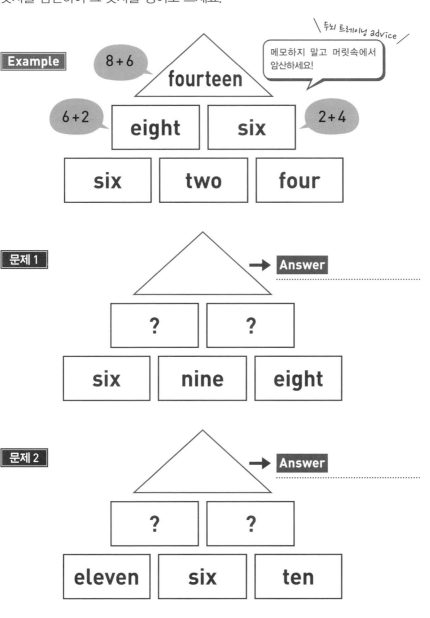

두뇌 트레이닝 advice

메모하지 말고 머릿속에서 암산하세요!

Example

8+6 → fourteen

6+2 → eight | 2+4 → six

six | two | four

문제 1

→ **Answer** ....

? | ?

six | nine | eight

문제 2

→ **Answer** ....

? | ?

eleven | six | ten

정답 p.070-071

Q 3 숫자넣어 완성하기

분석력 · 정보처리능력 3분 ★★★

다음 동그라미 안에 1부터 19까지의 숫자를 한 번만 넣어 그림을 완성해 주세요. Example처럼 색칠한 동그라미를 기점으로 한 3 개의 동그라미의 숫자를 더하면, 항상 22가 됩니다.

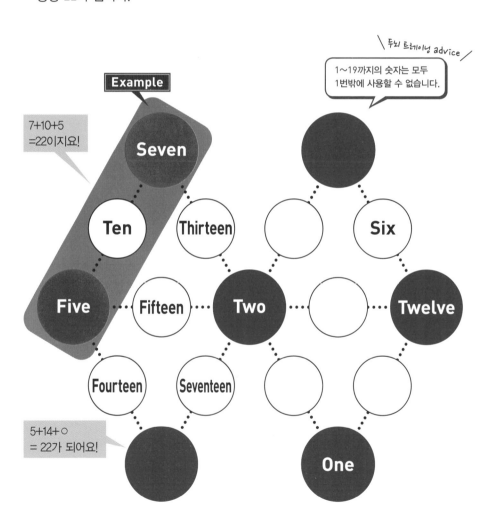

1~19까지의 숫자는 모두 1번밖에 사용할 수 없습니다.

Example

7+10+5
=22이지요!

Seven
Ten
Thirteen
Six
Five
Fifteen
Two
Twelve
Fourteen
Seventeen
One

5+14+○
= 22가 되어요!

Q 4 속담 완성하기

문제1~5는 영어 속담입니다. 한국어를 참고하여 빈칸에 들어갈 어구를 고르세요.

문제 1 You can't have your cake (　　　　).
→ 꿩먹고 알먹고 할 수 없다.

문제 2 When in Rome, (　　　　). → 로마에 가면 로마법을 따르라.

문제 3 Time is (　　　　). → 시간은 돈이다.

문제 4 Take it one step (　　　　). → 천 리 길도 한 걸음부터.

문제 5 Birds of a feather (　　　　). → 유유상종.

▶문제1~5번과 이어지는 어구를 다음에서 고르세요.

① money

② at a time

③ do as the Romans do

④ flock together

⑤ and eat it too

Answer	문제1	문제2	문제3	문제4	문제5
	....	....	....	....	....

정답 p.070-071

Q5 다르게 쓰는 영어를 올바른 영어로 고치기

다음 영어표현은 원어민에게 잘 전달되지 않는 것이 있습니다. 다음 괄호 안에 단어를 넣어 올바른 영어로 고치세요.

문제 1 오토바이 → (　　　　)

Answer

문제 2 노트북 컴퓨터 → (　　　　)

Answer

문제 3 클레임 → (　　　　)

Answer

문제 4 제트 코스터 → (　　　　) coaster

Answer

문제 5 캐치볼 → (　　　　) catch

Answer

문제 6 트럼프 → (　　　　) cards

Answer

문제 7 샤프펜 → (　　　　) pencil

Answer

문제 8 오픈카 → (　　　　)

Answer

문제 9 아르바이트 → part-time (　　　　)

Answer

문제 10 앙케이트 → (　　　　)

Answer

Q 6 올바른 길 찾기

당신은 지금 지도의 「YOU」에 있습니다. 우체국까지 가는 길을 설명한 글을 고르세요.

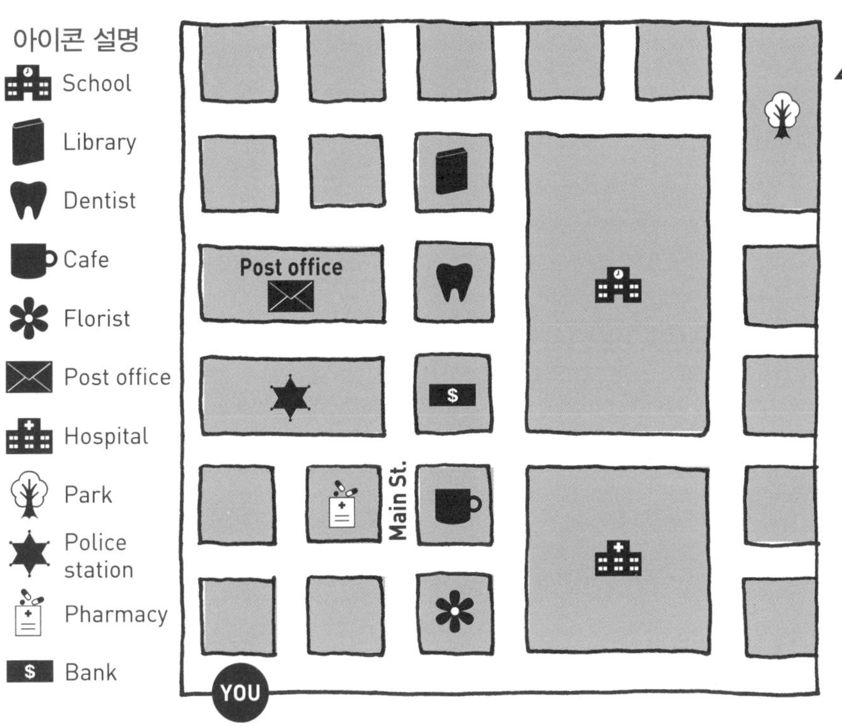

① Go straight east, then turn left at the third block. Walk straight for two blocks and the building will be on your right.

② Head west and take the first right. Continue straight for three blocks. The building will be on your right.

③ Head east and take the second left into the main street. Continue straight for five blocks. The building will be on your right.

Answer ....

p.064-069 정답 & 해설

Q1

정답 문제 1 ②

해설 피라미드 맨 위에 물음표가 있습니다. ①, ②, ③중에 하나로 바꿀 필요가 있습니다. 어느 것이 맞을까요?

Q2

정답 문제 1 32 문제 1 33

해설

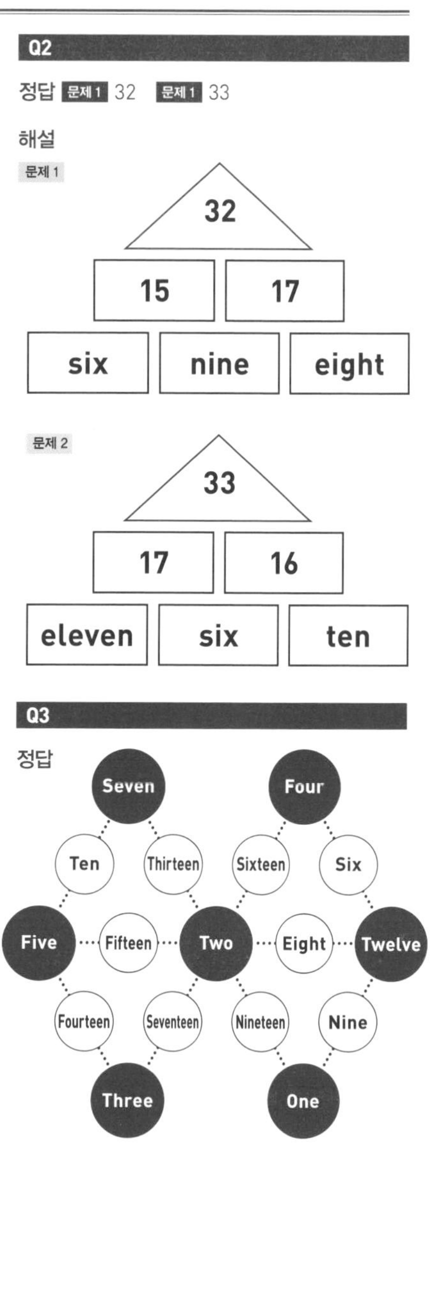

Q4

정답 문제 1 ⑤ 문제 2 ③ 문제 3 ①
문제 4 ② 문제 4 ④

해설 문제 1 You can't have your cake and eat it too.
(꿩먹고 알먹고 할 수 없다.)
문제 2 When in Rome, do as the Romans do.
(로마에 가면 로마법을 따르라.)
문제 3 Time is money.
(시간은 돈이다.)
문제 4 Take it one step at a time.
(천 리 길도 한 걸음부터.)
문제 5 Birds of a feather flock together.
(유유상종.)

Q5

정답 문제 1 motorbike 문제 2 laptop
문제 3 complaint 문제 4 roller
문제 5 play 문제 6 playing
문제 7 mechanical 문제 8 convertible
문제 9 job 문제 10 questionnaire

Q6

정답 ②

해설 ① 동쪽으로 직진하다가 세 번째 블록에서 왼쪽으로 도세요. 곧장 2블럭 걸어가면 오른쪽에 건물이 있습니다.
② 서쪽으로 가서 첫 번째 모퉁이에서 오른쪽으로 도세요. 3블럭 직진하면 오른쪽에 건물이 있습니다.
③ 동쪽으로 가서 두 번째 모퉁이를 왼쪽으로 돌아 메인 스트리트로 들어갑니다. 5블럭 직진합니다. 오른쪽에 건물이 있습니다.

Look Back Question

앞 페이지를 떠올리며 다음 질문에 답하세요.
★정답은 칸 밖에 거꾸로 쓰여 있습니다.

문제 1 DAY 4 첫 페이지의 숫자 모양은 무엇이었습니까?

문제 2 DAY 5 키워드는 무엇이었습니까?

문제 3 DAY 6 Magic tips에 나온 과일은 무엇일까요?

Look Back Question의 정답
문제 1 그물무늬(mesh pattern) 문제 2 give 문제 3 사과

more 두뇌 트레이닝
more English!!

〈칼럼 2〉

수면의 질을 높이고 일찍 일어남으로써 뇌를 활성화시킴!

수면부족에 의해서 짜증이 나거나 피부가 거칠어지거나 일이나 공부의 효율이 오르지 않는다……라는 경험은, 누구에게나 있는 법입니다.

"Sleep is better than medicine."(잠이 약보다 낫다)는 속담처럼 잠으로 인한 몸과 마음에 대한 좋은 효과는 예로부터 알려져 있습니다. 그러나 최근의 연구에서는 잠이 가져오는 뇌에 대한 다양한 영향도 알게 되었습니다.

웨스턴대학(캐나다) 연구팀은 특별히 고안한 게임을 사용해 수면 부족이 인지, 기억, 집중력에 어떻게 영향을 미치는지 실험했습니다. MRI(자기공명영상장치)로 뇌의 혈류를 검사하면서 인지 능력 테스트를 실시했는데, 수면 부족의 상태에서는 의사결정이나 문제 해결, 기억을 담당하는 전두엽과 두정엽의 활동이 훨씬 줄어든다……라고 하는 결과입니다.

또 2008년의 노스 · 텍사스대학에서의 조사에서는 아침형 학생이 저녁형 학생보다 성적이 훨씬 높은 것이 밝혀졌습니다. 즉 충분한 수면과 일찍 자고 일찍 일어나는 것에 따라 체내 시계가 조절되면 뇌의 기능도 좋아지는 것입니다.

"Death, so called, is a thing which makes men weep, and yet a third of life is passed in sleep"(소위 죽음은 사람을 슬프게 한다. 삶의 3분의 1은 잠으로 보낸다.)라는 영국 시인 바이런의 말에서도 알 수 있듯이, 수면은 인생의 거의 3분의 1을 보내는 소중한 것입니다. 뇌를 위해서라도 오늘부터 수면의 질을 높이세요.

Let's start magic English games!

DAY 7

Check! Today's weather.
(오늘 날씨 체크 !)

- ☐ Sunny
- ☐ Cloudy
- ☐ Rainy
- ☐ Stormy
- ☐ Thundery
- ☐ Windy
- ☐ Snowy

세인으로부터 메세지가 도착해요!

키워드 **joy**

LINE 의 talk 화면에 키워드를 입력 !

★접속 방법 p.018

Magic tips

오늘을 긍정적으로 보내는 힌트

- **Try to eat as much red food today as possible, such as tomatoes, apples and carrots.**
  토마토, 사과, 당근과 같은 빨간색 음식을 오늘은 가능한한 많이 먹도록 하세요.
- **Count the number of petals on a flower.**
  꽃잎의 수를 세어보세요.
- **Write down a dream that you would like to fulfill.**
  이루고 싶은 꿈을 적어보세요.

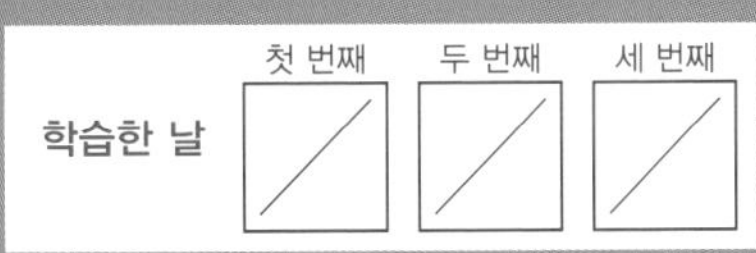

학습한 날	첫 번째	두 번째	세 번째
	/	/	/

Warm-Up Question

정답 p.080

Q 1 영어 문장

분석력·정보처리능력 | 기억력

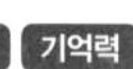

다음 문장의 의미를 나타내는 올바른 영어를 고르세요.

두뇌 트레이닝 advice

비슷한 글이라도 완전히 다른 의미가 되는 경우가 있습니다.

문제 1 '영어는 싫어합니다'

① I hate English.
② I hate the English.

Answer ....

문제 2 '할 일이 많습니다'

① I have a lot of work.
② I have a lot of works.

Answer ....

문제 3 '아주 아늑한 집이네요'

① Your house is really homey.
② Your house is really homely.

Answer ....

문제 4 '다시 한번 부탁합니다'

① One more, please.
② Once more, please.

Answer ....

문제 5 '잠시 시간 좀 괜찮을까요?'

① Can I have a second?
② Can I have seconds?

Answer ....

Q 2 시각 맞추기

독해력
공간인지력
3분
★★★

다음 영문을 읽고 알맞은 시각을 고르세요.

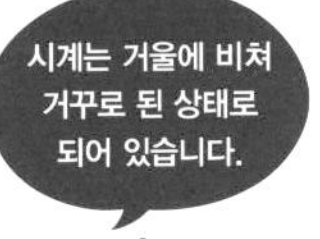
시계는 거울에 비쳐
거꾸로 된 상태로
되어 있습니다.

문제 1 Milly finished work at 7:30. After work, she spent two hours at an English conversation school. Then it took her 30 minutes to get home. What time is it now?

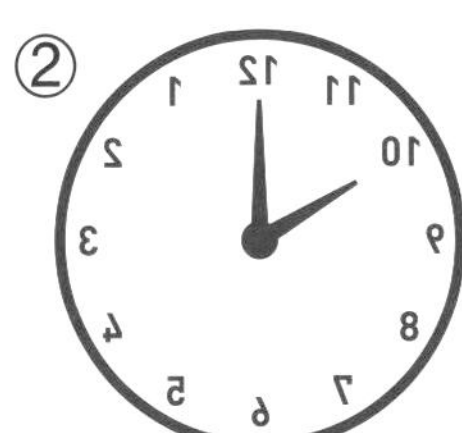

Answer ....

문제 2 The weather was nice, so Milly decided to walk to work. She left her house at 7:00 in the morning and she arrived at 8:30. However, she met Pam, her friend, on the way. They stood and talked for 15 minutes. If Milly had not met Pam, what time would she have arrived at work?

Answer ....

Regular Question

Q3 스탬프 찾기

Ⓐ스탬프와 Ⓑ스탬프를 연결하면 '한 단어'가 됩니다. 어떤 단어가 될까요? 밑줄에 알맞은 단어를 쓰세요.

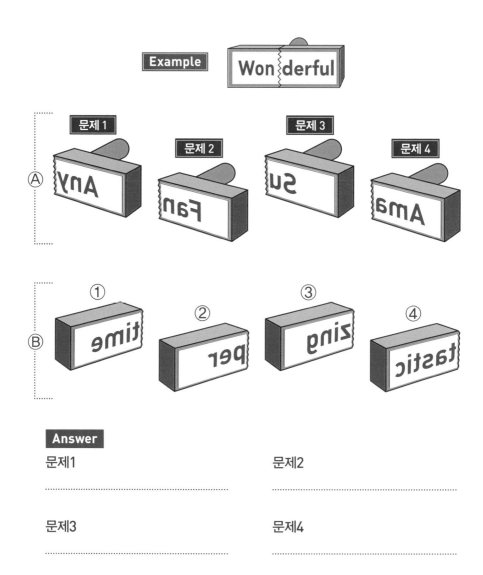

Example

Won derful

Ⓐ

문제 1 Any

문제 2 Fan

문제 3 Su

문제 4 Ama

Ⓑ

① time

② per

③ zing

④ tastic

Answer

문제1 ……………………

문제2 ……………………

문제3 ……………………

문제4 ……………………

Q 4 '나' 알아맞추기

관광지나 국명 등 잘 알려진 '장소'가 자기 소개를 하고 있습니다. '나'는 어디인지 이름을 영어로 쓰세요.

문제 1

- People love to take pictures of me.
- When traveling from Tokyo to Osaka, you can see me if you sit on the right side of the train.
- People think I'm beautiful, but sometimes I get angry.
- The last time I got really angry was about 300 years ago.
- When I became a world Heritage site, I became especially famous in 2013.
- What am I?

Answer ....

문제 2

- I am African, but many people think I'm in the Middle East.
- I'm almost covered in desert, but I'm famous for manmade structures.
- I have the most famous building in the world.
- It's not square and it's not round.
- It's very old, and no one knows how it was built.
- What am I?

Answer ....

정답 p.080

Q 5 일상 영어회화 완성하기

다음 일상 영어회화의 괄호 안에 들어갈 알맞은 단어 또는 숙어를 고르세요.

문제 1 또 무엇이 있습니까? → Anything (　　　)?

① else　② extra　③ more

Answer ....

문제 2 도와주세요. → Give me a (　　　).

① finger　② hand　③ head

Answer ....

문제 3 먼저 가세요. → Go (　　　).

① ahead　② away　③ off

Answer ....

문제 4 맞혀 보세요 → (　　　) what!

① Think　② Mind　③ Guess

Answer ....

문제 5 (전화로) 그대로 기다려 주세요. → (　　　), please.

① Hand on　② Have on　③ Hold on

Answer ....

문제 6 어쩔 수 없습니다. → I can't (　　　) it.

① get　② help　③ take

Answer ....

문제 7 당신이 없으면 쓸쓸해져요. → I'll (　　　) you.

① miss　② sad　③ sorry

Answer ....

Q 6 크로스워드

세로 열쇠, 가로 열쇠를 힌트삼아 알파벳으로 빈칸을 채워 나갑니다.

모든 칸을 채우고 Ⓐ~Ⓒ칸에 들어갈 문자를 대문자로 답하세요.

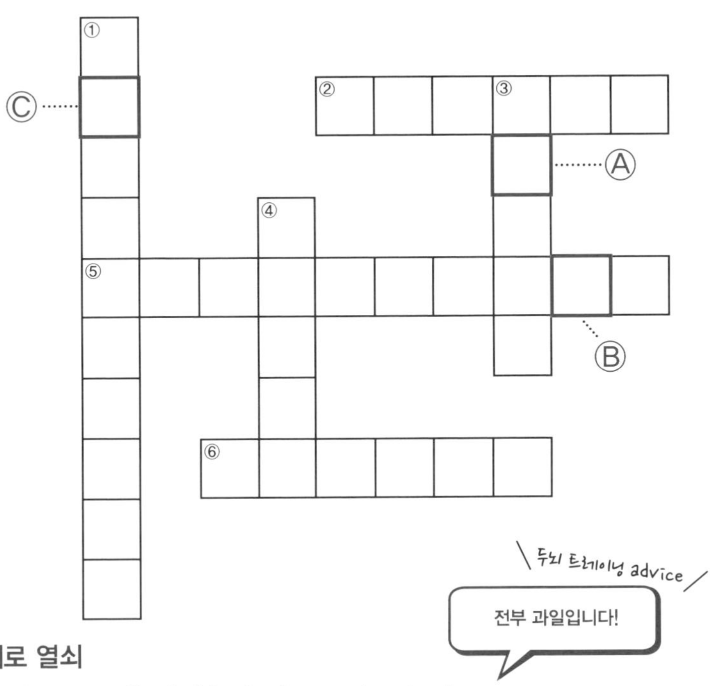

세로 열쇠

① You can find this fruit on shortcake.

③ This is not just a fruit. It's also a computer company.

④ Momotaro or "(　　　) boy", is a popular Japanese folk tale hero.

가로 열쇠

② Monkeys love this fruit.

⑤ Here's a piece of (　　　). Spit out the seeds!

⑥ You can see (　　　) trees all over Japan, but most of them don't have fruit.

Answer Ⓐ .... Ⓑ .... Ⓒ ....

p.074-079 정답 & 해설

Q1

정답 문제 1 ① 문제 2 ① 문제 3 ①
문제 4 ② 문제 5 ①

해설 문제 1 ②의 the English라고 하면 '영국인을 싫어합니다'라는 뜻이 됩니다.
문제 2 ②의 works로 복수형으로 하면 가산명사인 '작품'이라고 하는 의미가 되어 '나에게는 작품이 많이 있습니다'가 됩니다.
문제 3 ②의 homely에는'촌스럽다' '멋없다'라는 뉘앙스가 있으므로 '집이 너무 촌스럽네요'라는 뜻이 됩니다.
문제 4 ①의 One은 개수를 나타내므로 '하나 더 주세요'라고 재촉하는 숙어가 됩니다.
문제 5 ②와 같이 seconds로 복수형으로 하면 '더 먹을 수 있습니까?'라고 하는 뜻이 됩니다.

Q2

정답 문제 1 ② 문제 2 ②

해설 문제 1 밀리는 7시 30분에 일을 끝냈습니다. 퇴근 후 그녀는 영어학원에서 2시간을 보냈습니다. 그리고 집에 가는 데 30분 걸렸습니다. 지금 몇시입니까? (정답은 10시)
문제 2 날씨가 좋았기 때문에 밀리는 걸어서 출근하기로 결심했습니다. 그녀는 아침 7시에 집을 나와서 8시 30분에 도착했습니다. 그런데 도중에 그녀는 친구인 팸을 만났습니다. 그들은 15분간 서서 이야기를 했습니다. 만약 밀리가 팸을 만나지 않았다면, 몇 시에 그녀는 직장에 도착했을까요? (정답은 8시15분)

Q3

정답 문제 1 ① Anytime(언제든지)
문제 2 ④ Fantastic (환상적인)
문제 3 ② Super (대단한)
문제 4 ③ Amazing (놀라운)

Q4

정답 문제 1 Mt. Fuji(후지산)
문제 2 Egypt(이집트)

해설 문제 1 사람들이 내 사진을 찍는 것을 매우 좋아합니다. 도쿄에서 오사카로 여행할 때 기차의 오른쪽에 앉으면 볼 수 있습니다. 사람들은 나를 이쁘게 생각해 주지만, 나는 가끔 화가 날 때도 있습니다. 마지막으로 화가 단단히 난 것은 약 300년 전입니다. 2013년에 세계 유산으로 등록되어 특히 유명해졌습니다. 나는 무엇일까요?
문제 2 아프리카에 있지만, 중동이라고 생각하는 사람도 많습니다. 대부분 사막으로 덮여 있지만, 인공 구조물로 유명합니다. 세계에서 가장 유명한 건물을 가지고 있습니다. 그것은 사각형도 동그라미도 아닙니다. 너무 오래되어 어떻게 지어졌는지는 아무도 모릅니다. 나는 무엇일까요?

Q5

정답 문제 1 ① 문제 2 ② 문제 3 ① 문제 4 ③
문제 5 ③ 문제 6 ② 문제 7 ①

Q6

정답 ① P ② O ③ T

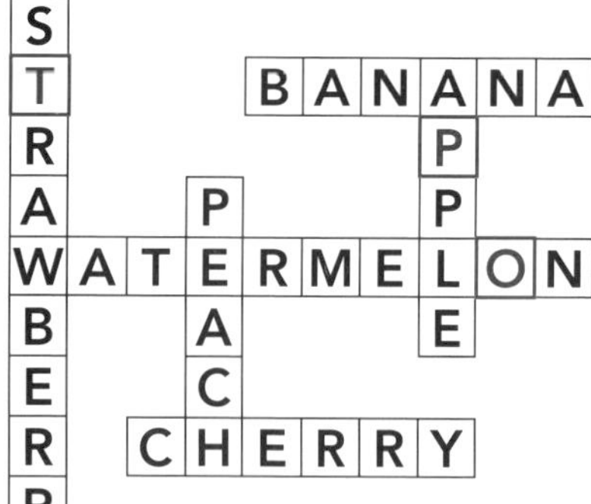

해설 **세로 열쇠** ① 이 과일은 쇼트케이크 위에서 찾을 수 있습니다.
③ 단순히 과일이 아닙니다. 어떤 컴퓨터 회사이기도 합니다.
④ 모모타로 별칭 '피치 보이'는 유명한 일본 민화(民話)의 히어로입니다.
가로 열쇠 ② 원숭이가 이 과일을 아주 좋아합니다.
⑤ 여기 수박 한 조각이 있습니다. 씨를 뱉어요!
⑥ 일본 전역에서 벚나무를 볼 수 있지만, 그것들은 거의 열매가 열리지 않습니다.

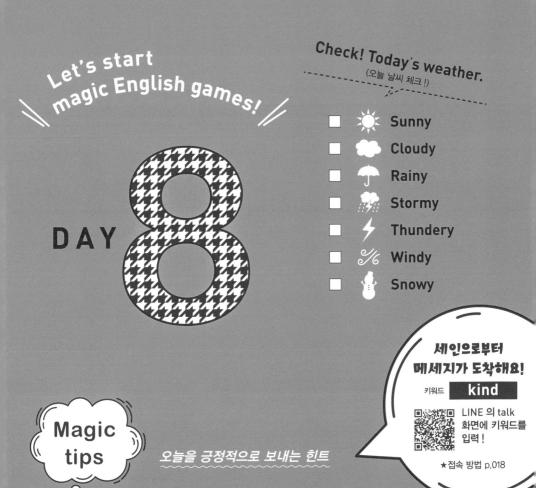

Let's start magic English games!

DAY 8

Check! Today's weather.
(오늘 날씨 체크 !)

- ☐ Sunny
- ☐ Cloudy
- ☐ Rainy
- ☐ Stormy
- ☐ Thundery
- ☐ Windy
- ☐ Snowy

세인으로부터 메세지가 도착해요!

키워드 **kind**

LINE 의 talk 화면에 키워드를 입력 !

★접속 방법 p.018

Magic tips

오늘을 긍정적으로 보내는 힌트

- **Find a scent that you like and fill your room with that scent.**
  좋아하는 향기를 찾아서 방을 그 향기로 채워보세요.
- **Give a name to a cloud in the sky.**
  하늘의 구름에 이름을 붙이세요
- **Get in a car or on a bicycle or train and go somewhere near where you live that you've never been before.**
  자동차나 자전거, 기차를 타고 아직 가보지 못한 가까운 곳으로 떠나보세요.

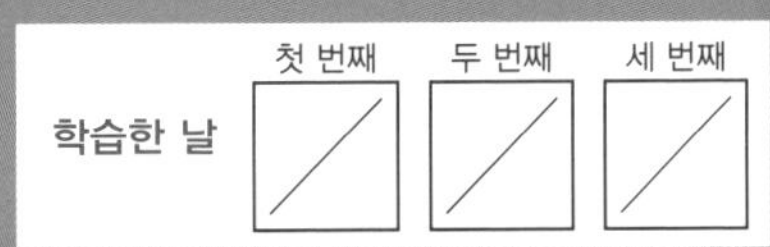

정답 p.088

Q1 단어 완성하기

다음 칸에 있는 알파벳 모두를 화살표로 이어가면 하나의 단어가 됩니다. 힌트를 참고로 화살표를 그려넣어 숨어있는 단어를 써주세요.

Example

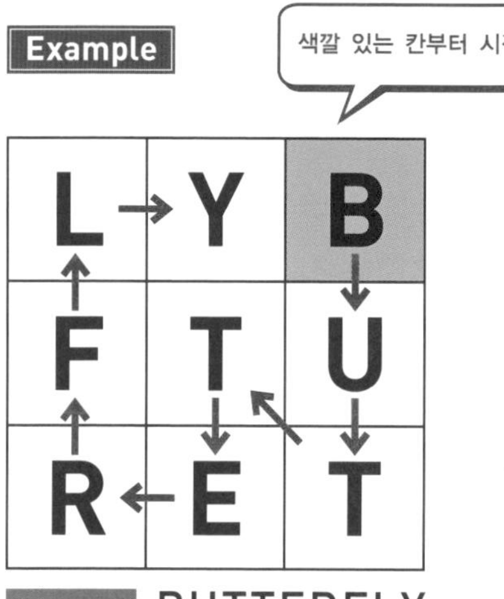

Answer BUTTERFLY

문제 1

힌트 '교육'을 영어로 말하면?

E	N	O
U	D	I
C	A	T

Answer

문제 2

힌트 눈에 좋은 과일입니다.

B	E	U
E	B	L
R	R	Y

Answer

문제 3

힌트 바다에서 일하는 남자.

A	M	R
N	I	E
F	S	H

Answer

Q 2 일본문화를 영어로 말해보기

다음 단어를 알맞은 영어로 밑줄친 곳에 쓰세요.

문제 1 간장 → s________ sauce

Answer ....

문제 2 고추냉이 → Japanese h________

Answer ....

문제 3 김 → dried sheet-s________

Answer ....

문제 4 쇠고기 덮밥 → beef b________

Answer ....

문제 5 계란찜 → s________ egg custard

Answer ....

문제 6 젓가락 → c________

Answer ....

문제 7 찻집 → tea r________

Answer ....

문제 8 부채 → folding f________

Answer ....

문제 9 짚신 → s________ sandals

Answer ....

문제 10 대나무 → b________

Answer ....

정답 p.088

Q 3 단어 구분하기

다음 사각형 안의 글자는 직선을 그으면 몇 개의 단어로 나눌 수 있습니다. 힌트를 참고로 선을 그으세요.

문제 1 힌트 직선을 3개 그으면 현악기 4개가 됩니다.

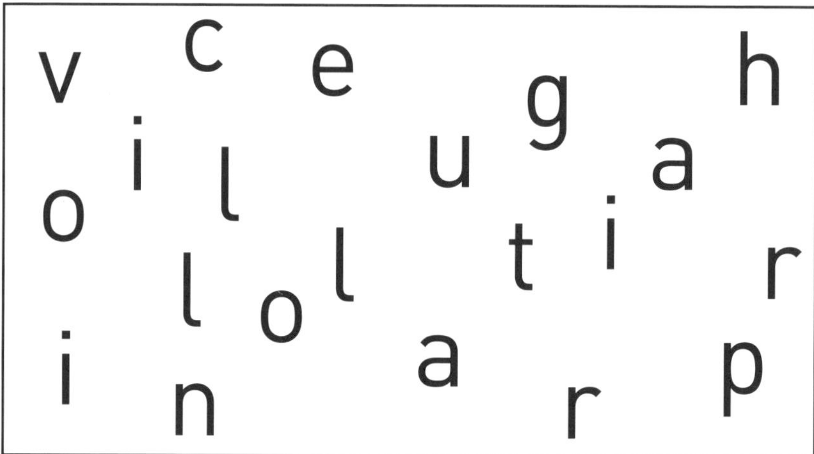

문제 2 힌트 직선을 3개 그으면 건반악기 4개가 됩니다.

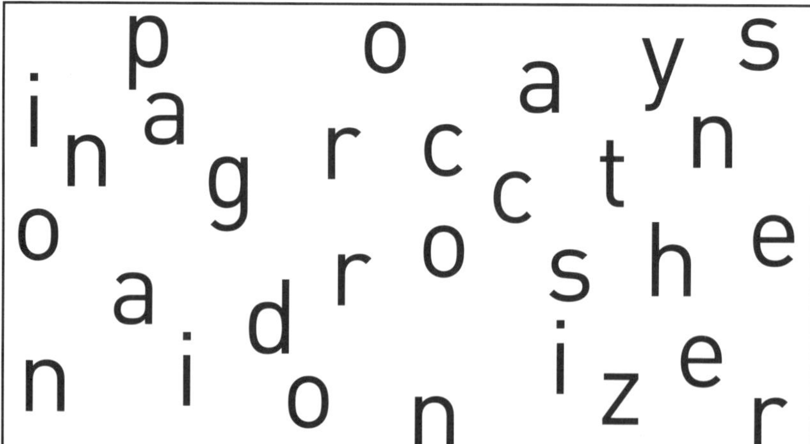

키워드 **sun**

LINE 의 talk 화면에 키워드를 입력!

★접속 방법 p.018

Q4 일상 영어회화 알아듣기!

음성을 듣고 괄호 안에 들어갈 단어를 고르세요.

기억력 집중력·판단력 3분 ★★★

문제 1 How (   ) (   ) doing?
어떻게 지내세요?

① do you ② are you ③is your

Answer ....

문제 2 Do you have (   ) (   )?
시간 좀 있으세요?

① a minute ② any minutes ③ some minutes

Answer ....

문제 3 It was nice (   ) (   ).
만나서 반가웠어요.

① meet to you ② seeing you ③ meeting you

Answer ....

문제 4 Is (   ) (   ) I can do for you?
뭔가 해 드릴 일은 없나요?

① that anyone ② there anything ③ this everything

Answer ....

문제 5 We (   ) (   ) to seeing you again.
또 만날 수 있으면 좋겠네요.

① would forward ② took forward ③ look forward

Answer ....

Challenge Question

정답 p.088

Q 5 왕따 단어 찾기

One of the words written on the scroll is the odd one out.
Find it and circle it.

두뇌 트레이닝 advice

오른손과 왼손으로 동그라미를 그려주면 뇌가 더욱 활성화됩니다.

문제 1 힌트 대륙과 관련된 단어입니다.

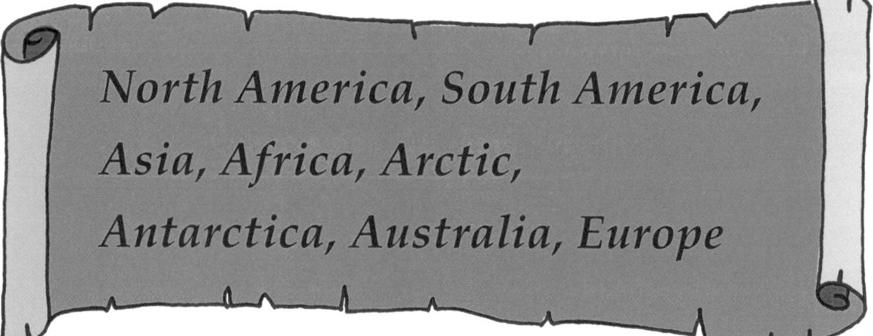

문제 2 힌트 꽃과 관련된 단어입니다.

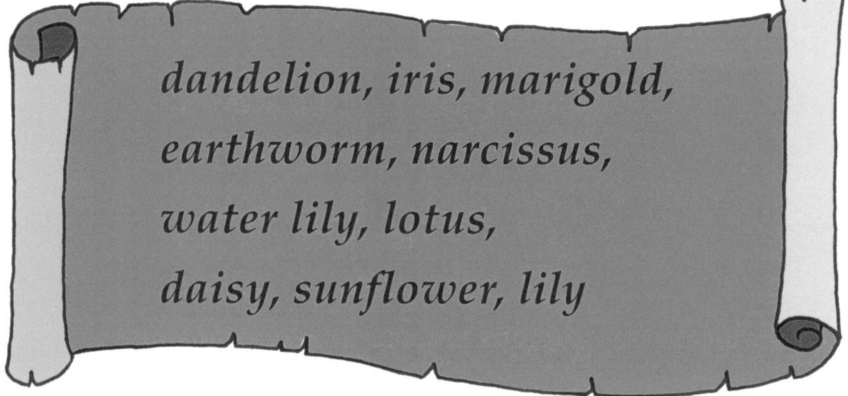

dandelion, iris, marigold,
earthworm, narcissus,
water lily, lotus,
daisy, sunflower, lily

Q6 다음에 올 도형 알아맞추기

그림을 잘 보고 다음 물음에 답하세요.

In the top row, there's a question mark.
It needs to be replaced by ①, ② or ③.
Which one is correct?

두뇌 트레이닝 advice

그림이 바뀌는 법칙성을 찾아 보세요!

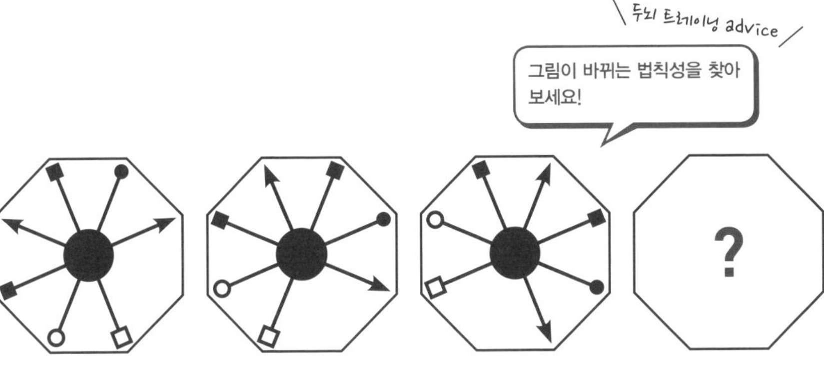

①
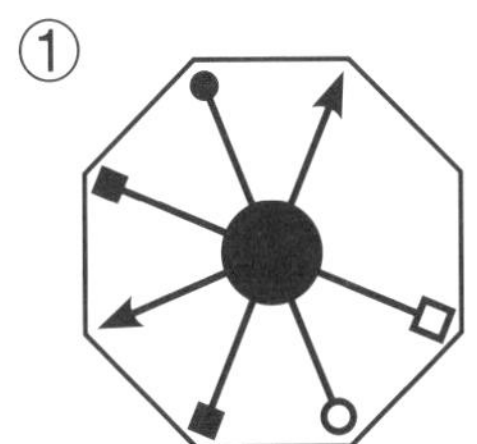

②
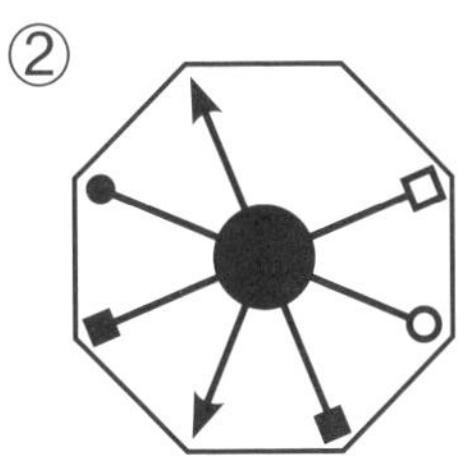

③
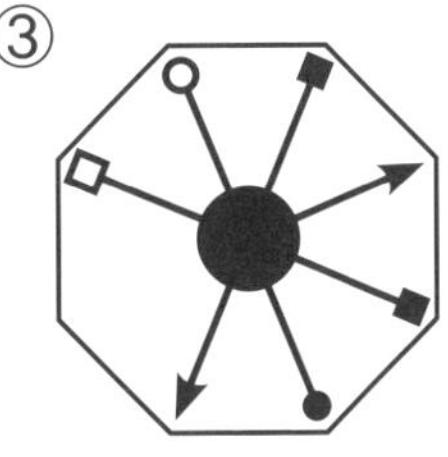

Answer

p.082-087 정답 & 해설

Q1

정답 문제 1 EDUCATION 문제 2 BLUEBERRY

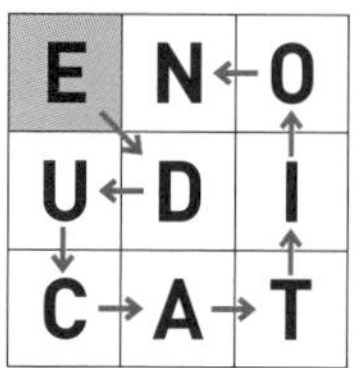

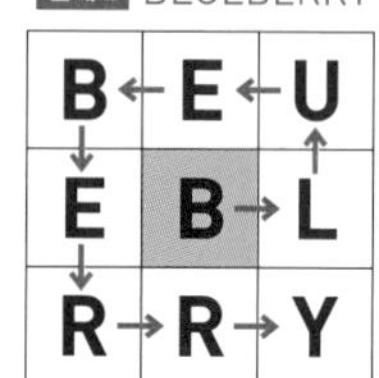

문제 3 FISHERMAN

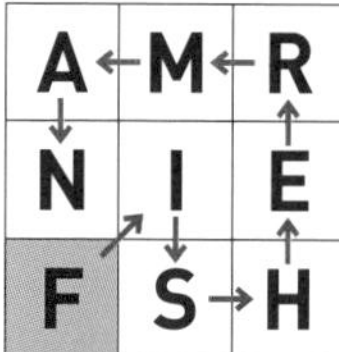

Q2

정답 문제 1 soy sauce(간장)

문제 2 Japanese horseradish(고추냉이)

문제 3 dried sheet-seaweed(김)

문제 4 beef bowl(소고기 덮밥)

문제 5 steamed egg custard(계란찜)

문제 6 chopsticks(젓가락)

문제 7 tea room(찻집)

문제 8 folding fan(부채)

문제 9 straw sandals(짚신)

문제 10 bamboo(대나무)

Q3

정답

문제 1

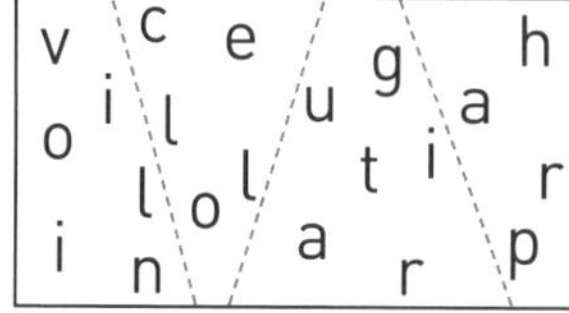

문제 2

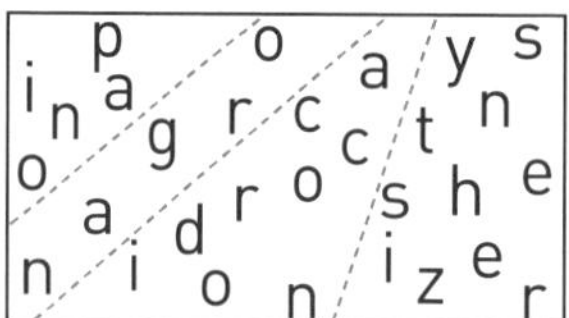

해설 문제 1 violin(바이올린), cello(첼로), guitar(기타), harp (하프)

문제 2 piano(피아노), organ(오르간), accordion(아코디언), synthesizer(신디사이저)

Q4

정답 문제 1 ② 문제 2 ① 문제 3 ③

문제 4 ② 문제 5 ③

해설 문제 1 How are you doing?
(어떻게 지내세요?)

문제 2 Do you have a minute?
(시간 좀 있으세요?)

문제 3 It was nice meeting you.
(만나서 반가웠어요)

문제 4 Is there anything I can do for you?
(뭔가 해 드릴 일은 없나요?)

문제 5 We look forward to seeing you again.
(또 만날 수 있으면 좋겠네요)

Q5

정답 문제 1 Arctic(북극)

문제 2 earthworm(지렁이)

해설 두루마리에 적힌 단어 중 하나는 어울리지 않는 단어입니다. 찾아서 동그라미를 치세요.

문제 1 북극은 바다에 떠 있는 빙하로 대륙이 아닙니다. North America(북아메리카 대륙), South America(남아메리카 대륙), Asia(아시아 대륙), Africa(아프리카 대륙), Arctic(북극), Antarctica(남극 대륙), Australia(호주 대륙), Europe(유럽 대륙)

문제 2 Earthworm(지렁이)만 벌레입니다. Dandelion(민들레), Iris(붓꽃), Marigold(금잔화), Earthworm(지렁이), Narcissus(수선화), Water Lily(수련), Lotus(연꽃), Daisy(데이지), Sunflowers(해바라기), Lily(백합)

Q6

정답 ③

해설 위 줄에 물음표가 있습니다. ①, ②, ③중에 하나로 바꿀 필요가 있습니다.
어느 것이 맞을까요?

Let's start magic English games!

DAY 9

Check! Today's weather.
(오늘 날씨 체크 !)

- ☐ Sunny
- ☐ Cloudy
- ☐ Rainy
- ☐ Stormy
- ☐ Thundery
- ☐ Windy
- ☐ Snowy

세인으로부터 메세지가 도착해요!

키워드 **love**

LINE 의 talk 화면에 키워드를 입력 !

★접속 방법 p.018

Magic tips

오늘을 긍정적으로 보내는 힌트

- **Write down a dream you want to have tonight, and place it under the pillow when you sleep.**
  오늘 밤 꾸고 싶은 꿈을 적어서 잘 때 베개 밑에 두세요.
- **See if you can hear the wind blow sometime today.**
  오늘 가끔 바람 소리를 들을 수 있는지 알아보세요.
- **Look into the sky at night and make your own constellation.**
  밤하늘을 바라보며 자신의 별자리를 만들어보세요.

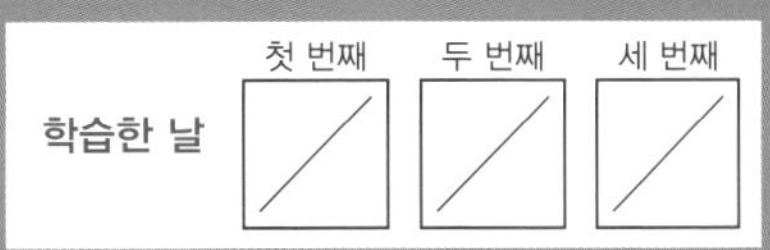

Warm-Up Question

정답 p.096-097

Q1 단어 찾기 퍼즐

판단력
집중력·공간인지력
4분 ★★★

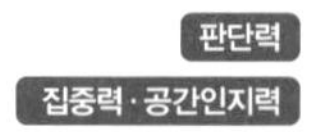

알파벳 사각형 안에 단어가 13개 숨어 있습니다. 단어 중에는 글자가 거꾸로 적혀 있는 것도 있습니다. 힌트를 참고로 각 단어를 선으로 둘러싸세요.

힌트 가족 관련 단어가 13개 숨어 있습니다(어머니, 아버지, 형제, 자매, 삼촌, 이모, 사촌, 남조카, 여조차, 남편, 아내, 아들, 딸).

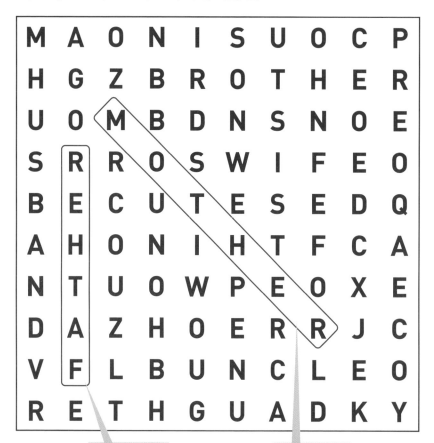

M	A	O	N	I	S	U	O	C	P
H	G	Z	B	R	O	T	H	E	R
U	O	M	B	D	N	S	N	O	E
S	R	R	O	S	W	I	F	E	O
B	E	C	U	T	E	S	E	D	Q
A	H	O	N	I	H	T	F	C	A
N	T	U	O	W	P	E	O	X	E
D	A	Z	H	O	E	R	R	J	C
V	F	L	B	U	N	C	L	E	O
R	E	T	H	G	U	A	D	K	Y

글자가 거꾸로 된 것도 있어요!

비스듬한 것도 있어요!

듣기 문제

키워드 **sea**

LINE 의 talk 화면에 키워드를 입력 !

★접속 방법 p.018

Q2 속담 알아듣기 !

음성을 듣고 다음 속담의 괄호 안에 들어갈 단어를 고르세요.

기억력 집중력·판단력 3분 ★★★

문제 1 All work and ( ) ( ) makes Jack a dull boy.
일만 하고 놀지않으면 바보가 된다.

① more play ② no play ③ do play

Answer ....

문제 2 There's ( ) ( ) like home.
제 집보다 좋은 곳은 없다.

① no place ② not home ③ none house

Answer ....

문제 3 Failure ( ) ( ).
실패는 성공의 어머니.

① tells succeed ② lead successful ③ teaches success

Answer ....

문제 4 ( ) ( ) a stranger.
낯선 사람을 믿지 마라.

① Never mind ② Never take ③ Never trust

Answer ....

문제 5 There's no smoke ( ) ( ).
아니 땐 굴뚝에 연기 날까.

① with fire ② without fire ③ with campfire

Answer ....

 정답 p.096-097

Q3 '나' 알아맞추기

다음 영문에서 설명하고 있는 역사상 위인의 이름을 고르세요.

문제 1

- I grew up in England, but I died in New York when someone shot me.
- I liked to sing and write songs.
- I first performed with my friends, but we got in a fight and split up.
- After that, I mostly sang alone or with my second wife.
- Who am I?

① 앤디 워홀 ② 존 레논
③ 마이클 잭슨 ④ 프린스

Answer ....

문제 2

- I'm an artist and an inventor from Italy, but I'm famous all over the world.
- I guess I'm most famous for a small portrait of a lady I painted.
- I'm also interested in science, engineering, architecture, and almost everything else.
- Who am I?

① 단테 ② 레오나르도 다빈치
③ 미켈란젤로 ④ 마키아벨리

Answer ....

Q 4 좌석 맞추기 게임

공간인지력
집중력·판단력
3분 ★★★

그림은 어떤 가족과 그 애완동물의 거실 좌석 순서입니다.

일러스트를 잘 보고, 다음 물음에 답하세요.

일러스트를 숨기고 기억을 더듬으면서 대답하면 두뇌 트레이닝 Up!

Radio

George

Will

Pipi (cat)

Table

TV

John (dog)

Naomi

Patricia

문제 1 How many animals are there?

Answer ....

문제 2 What is behind Pipi and Naomi?

Answer ....

문제 3 Who can hear the radio the loudest?

Answer ....

문제 4 Who is sitting directly opposite George?

Answer ....

정답 p.096-097

Q 5 일러스트 보고 대답하기

문제 1 위 일러스트를 설명하고 있는 ①~③의 문장에서 잘못된 것은 어느 것인지 동그라미를 치세요.

① Cinderella and Snow White are having a tea party.
② A bird is sitting on Snow White's left hand.
③ The witch is holding a teapot.

Answer ....

문제 2 다음 영어의 지시에 따라 주세요.
Circle all the apples in the illustration.

문제 3 How many teapots are there?

Answer ....

p.090-095 정답 & 해설

Q1

정답

해설 MOTHER(어머니), FATHER(아버지)
BROTHER(형제), SISTER(자매),
UNCLE(삼촌), AUNT(이모), COUSIN(사촌)
NEPHEW(남조카), NIECE(여조카)
HUSBAND(남편), WIFE(아내)
SON(아들), DAUGHTER(딸)

Q2

정답 문제 1 ② 문제 2 ① 문제 3 ③
문제 4 ③ 문제 5 ②

해설 문제 1 All work and no play makes Jack a dull boy.
(일만 하고 놀지않으면 바보가 된다.)
문제 2 There's no place like home.
(제 집보다 좋은 곳은 없다.)
문제 3 Failure teaches success.
(실패는 성공의 어머니.)
문제 4 Never trust a stranger.
(낯선 사람을 믿지 마라.)
문제 5 There's no smoke without fire.
(아니 땐 굴뚝에 연기 날까.)

Q3

정답 문제 1 ③ (존 레논)
문제 2 ② (레오나르도 다 빈치)

해설 문제 1 나는 영국에서 자랐지만, 누군가의 총에 맞아 뉴욕에서 죽었습니다. 노래를 부르거나 곡을 짓는 것을 좋아했습니다. 처음에는 친구들과 같이 연주를 했지만, 싸우고나서 헤어졌습니다. 그 후 주로 혼자 또는 두 번째 아내와 함께 노래를 불렀습니다. 나는 누구일까요?
문제 2 나는 이탈리아의 예술가이자 발명가로 세계적으로 유명합니다. 여성을 그린 작은 초상화로 가장 유명한 것 같습니다. 또한 과학, 공학, 건축 등 거의 모든 분야에 관심이 있습니다. 나는 누구일까요?

Q4

정답 문제 1 Two(2마리) 문제 2 TV
문제 3 Will 문제 4 Patricia

해설 문제 1 동물은 몇 마리입니까?
문제 2 Pipi와 Naomi 뒤에는 무엇이 있습니까?
문제 3 라디오 소리가 가장 크게 들리는 사람은 누구입니까?
문제 4 George 바로 맞은편에는 누가 앉아있습니까?

Better to ask the way than go astray.
묻는 것은 한 때의 수치
묻지 않는 것은 일생의 수치
부끄러워하지 마세요

Q5

정답 문제 1 ③ 문제 2 5개, 동그라미 참조
문제 3 3개

해설 문제 1 ①신데렐라와 백설공주가 차담회를 하고 있습니다.
②백설공주의 왼손에 새 한마리가 앉아 있습니다.
③마녀가 손에 주전자를 들고 있습니다.
문제 2 일러스트 안에 있는 모든 사과에 모두 동그라미를 치세요.
문제 3 주전자는 몇 개 있습니까?

★↑위 일러스트 보너스 문제★

How many dwarfs are there?

정답 7명

해설 난장이는 몇 명 있습니까?

more 두뇌 트레이닝

more English!!

〈칼럼 3〉

동물 울음 소리를 영어로 말할 수 있습니까?

SNS의 트위터(Twitter)가 왜 새의 아이콘인지 아십니까? 트위터에 글을 올리는 것을 "트윗(tweet: 짹짹)하다"라고 하는데, 이 트윗은 원래 새의 울음소리를 나타내는 말입니다. "트윗한다"→"(새가) 지저귀듯 중얼거린다"는 뜻에서 회사의 아이콘으로 새를 채용한 것 같습니다.

동물 울음소리는 원어민이라면 유아라도 말할 수 있지만, 보통은 토익(TOEIC) 고득점자도 의외로 모릅니다. 그럼 당신은 다음과 같은 대표적인 동물 울음 소리를 몇 개나 대답할 수 있습니까?

* **보통 '멍멍'이라고 반복하듯이 영어에서도 각각의 울음소리를 여러 번 반복합니다.**

* **"Old MacDonald Had a Farm, E-I-E-I-O(한국어 가사: 박 첨지는 밭 있어 그래 그래서)"라는 노래의 가사에는 여기서 언급된 것 외에 chicken(닭)은 chick(삐약), turkey(칠면조)는 gobble(까르륵) 등의 울음소리도 있습니다. 꼭 맞춰서 기억하세요!**

동물	울음소리	영어 울음소리
□ 개(dog)	멍멍	bow-wow / woof-woof
□ 고양이(cat)	야옹	mew / meow
□ 쥐(mouse)	찍찍	squeak
□ 돼지(pig)	꿀꿀	oink
□ 소(cow)	음메	moo
□ 말(horse)	히힝	neigh
□ 양(sheep)	메에	baa
□ 사자(lion)	으르렁	roar
□ 수탉(rooster)	꼬끼오	cock-a-doodle-doo
□ 오리(duck)	꽥꽥	quack

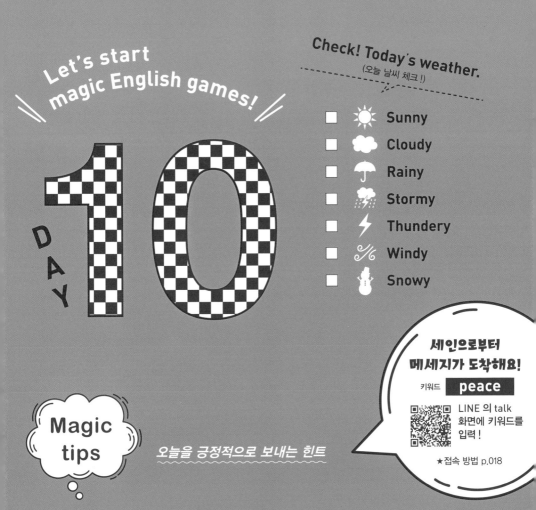

Let's start magic English games!

DAY 10

Check! Today's weather.
(오늘 날씨 체크 !)

- ☐ Sunny
- ☐ Cloudy
- ☐ Rainy
- ☐ Stormy
- ☐ Thundery
- ☐ Windy
- ☐ Snowy

세인으로부터 메세지가 도착해요!

키워드 **peace**

LINE 의 talk 화면에 키워드를 입력 !

★접속 방법 p.018

Magic tips

오늘을 긍정적으로 보내는 힌트

- **Give your ears a massage to stimulate blood circulation and energy. Offer to give someone else an ear massage.**
  혈액 순환과 에너지를 활성화하기 위해 귀 마사지를 해 보세요. 다른 누군가에게 귀 마사지를 제안하세요.
- **Fix all the leaks in your house.**
  집안의 누수를 전부 수리하세요.
- **Talk to a cat or dog you see often near your house.**
  집 주위에서 자주 보는 고양이나 개에게 말을 걸어보세요.

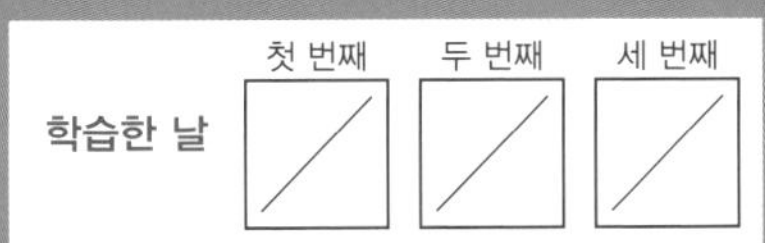

정답 p.106

Q1 알맞은 단어 찾기

다음 단어에 해당하는 올바른 영어를 고르세요.

문제 1 2021년의 간지

① mouse ② ox ③ dog

Answer ....

문제 2 공휴일 → a (　　　) letter day

① green– ② red– ③ blue–

Answer ....

문제 3 고 사인(go sign)을 내다 → give something the (　　　) light

① yellow ② white ③ green

Answer ....

문제 4 칠판

① blackboard ② whiteboard ③ signboard

Answer ....

문제 5 소비세

① inheritance tax ② property tax ③ consumption tax

Answer ....

문제 6 미닫이 → (　　　) paper screen

① sliding ② moving ③opening

Answer ....

문제 7 사당(조상의 신주를 모셔놓은 집) → (　　　) shrine

① historic ② memorial ③ ancestral

Answer ....

Q2 영어 끝말잇기

앞 단어의 마지막 알파벳에서 시작하는 단어를 이어갑니다. 빈칸에 들어갈 단어를 쓰세요.

힌트 ①은 바다생물로 5글자, ②~⑤는 인체와 관련된 단어(②, ③은 하반신으로 각각 5글자, ④, ⑤는 3글자씩)가 들어갑니다.

※복수형은 사용하지 않습니다.

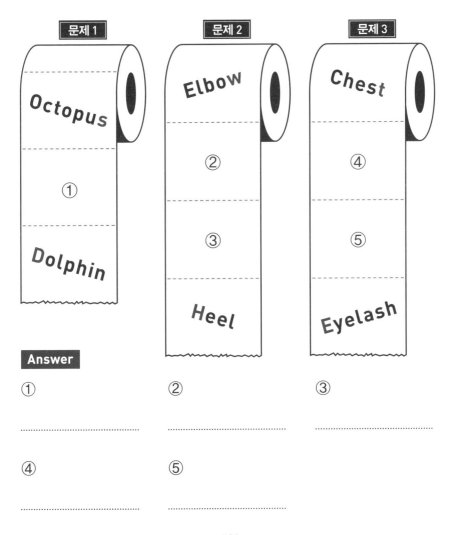

문제 1

Octopus

①

Dolphin

문제 2

Elbow

②

③

Heel

문제 3

Chest

④

⑤

Eyelash

Answer

① ....

② ....

③ ....

④ ....

⑤ ....

정답 p.106

Q3 피라미드 덧셈

같은 단에 있는 옆 숫자를 더하면 바로 윗 단의 숫자가 됩니다.

정답란에 들어갈 숫자를 암산하고 그 숫자를 영어로 쓰세요.

두뇌 트레이닝 advice

메모하지 말고 머릿속으로 암산하세요!

문제 1

→ **Answer** ……………………

?	?

?	?	?

eight	six	three	four

문제 2

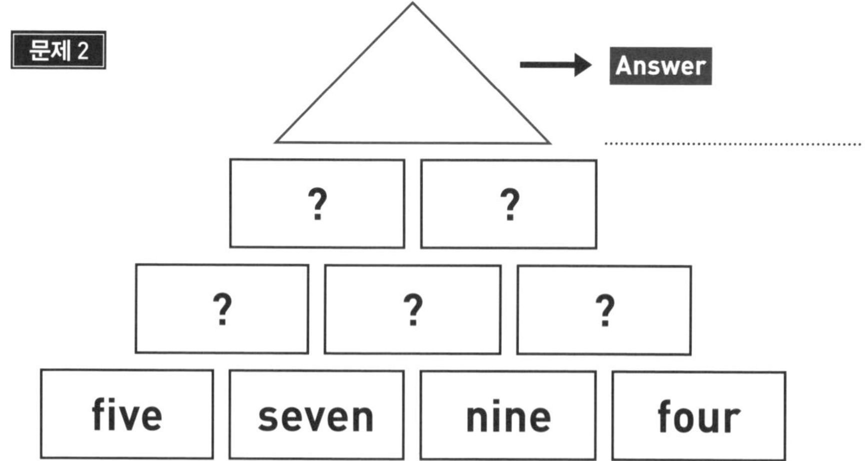

Q4 일상 영어회화 완성하기

다음 일상 영어회화의 괄호 안에 알맞은 단어를 고르세요.

두뇌 트레이닝 advice

대문자로 들어가는 부분도 소문자로 되어 있습니다.

문제 1 *아침인사

: Good morning. How are you (   ) ?

: Pretty good.

① getting ② going ③ doing

Answer ....

문제 2 *감사인사

: Thank you so much for (   ).

: You're very welcome.

① anything ② everything ③ something

Answer ....

문제 3 *상대방의 의향을 물음

: I'm hungry. How (   ) you?

: Me too.

① about ② are ③ do

Answer ....

문제 4 *작별인사

똑같은 단어가 들어가요!

: Thanks for coming. (   ) you.

: (   ) you again!

① meet ② see ③ talk

Answer ....

Challenge Question

정답 p.106

Q 5 전개도 조립하기

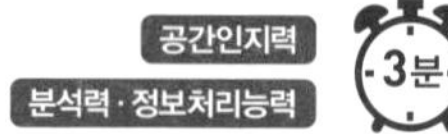

정팔면체의 전개도를 보고, 다음 물음에 답하세요.

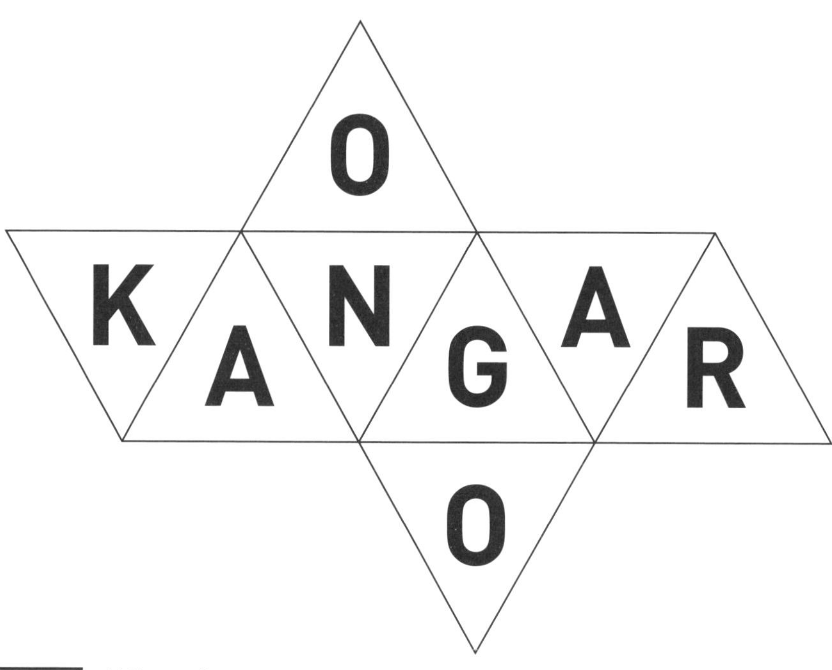

문제 1 When the net is assembled, which letter will be parallel to the K?

Answer ....

문제 2 Which letter will be parallel to N?

Answer ....

문제 3 The letters on this net spell an animal name. What animal is it?

Answer ....

Q 6 '나' 알아맞추기

다음 영문으로 설명하고 있는 역사상 위인의 이름을 고르세요.

문제 1

- I was born in 1543 in Okazaki.
- My original name was Matsudaira Takechiyo, but I changed it later.
- When I was a little boy, I was kidnapped.
- But everything worked out, and I became the ruler of Japan.
- Who am I?

① 도쿠가와 이에야스
② 마쓰다이라 겐
③ 도쿠가와 미쓰쿠니
④ 오다 노부나가

Answer ....

문제 2

- I had a very difficult childhood.
- My parents almost gave up on me, but they found a good teacher for me.
- She helped me to understand the world.
- I became a famous writer and public speaker.
- Who am I?

① 찰리 채플린
② 알베르트 아인슈타인
③ 퀴리 부인(마리 퀴리)
④ 헬렌 켈러

Answer ....

p.100-105 정답 & 해설

Q1

정답 **문제 1** ② ox (소띠 해)

문제 2 ② red-(a red-letter day로 '공휴일', 공휴일은 달력에서 빨간색이기 때문에)

문제 3 ③ green(give something the green light 로 '고 사인(go sign)을 내다')

문제 4 ① blackboard

문제 5 ③ consumption tax

문제 6 ① sliding (sliding paper screen으로 '종이 미닫이문' = '장지문')

문제 7 ③ ancestral

Q2

정답 **문제 1** ① Squid(오징어)

문제 2 ② Waist(허리) ③ Thigh(넓적다리)

문제 3 ④ Toe(발가락) ⑤ Eye(눈)

Q3

정답 **문제 1** thirty-nine(39)

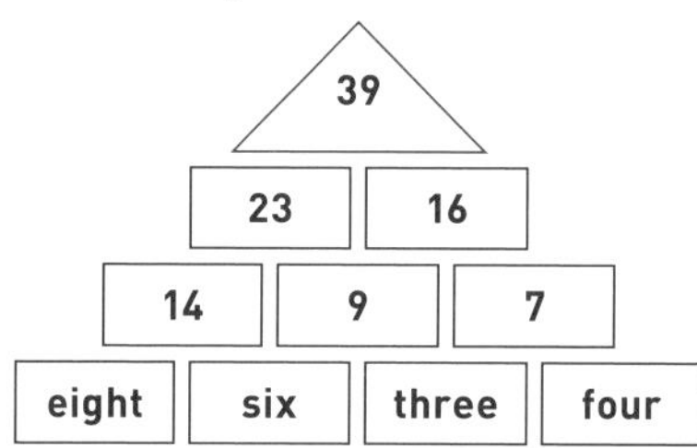

문제 2 fifty-seven(57)

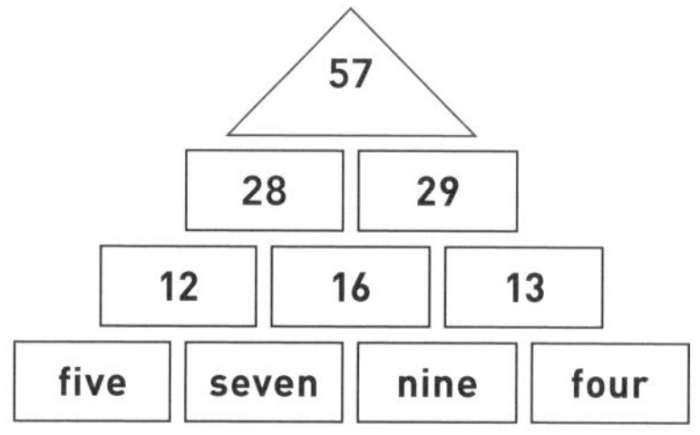

Q4

정답 **문제 1** ③ doing **문제 2** ② everything

문제 3 ① about **문제 4** ② See

해설 **문제 1** : Good morning. How are you doing?(안녕하세요? 어떻게 지내세요?)

: Pretty good.(아주 잘 지내요.)

문제 2 : Thank you so much for everything.(여러모로 정말 고마워요.)

: You're very welcome.(천만에요.)

문제 3 : I'm hungry . How about you?(배고파요. 그쪽은요?)

: Me too.(나도요.)

문제 4 : Thanks for coming . See you.(와줘서 고마워요. 또 봐요.)

: See you again!(다음에 또 만나요.)

Q5

정답 **문제 1** G **문제 2** R

문제 3 KANGAROO(캥거루)

해설 **문제 1** 전개도가 조립되면 어떤 글자가 K와 평행하게 됩니까?

문제 2 어떤 글자가 N과 평행하게 됩니까?

문제 3 이 전개도에 적혀 있는 알파벳은 어떤 동물의 이름입니다. 그 동물은 무엇입니까?

Q6

정답 **문제 1** ① **문제 2** ④

해설 **문제 1** 나는 1543년, 오카자키에서 태어났습니다. 원래 이름은 마쓰다이라 다케치요입니다만, 나중에 바꿨습니다. 어린 소년일 때 유괴를 당했습니다. 그러나 모든 일이 잘 풀려서 일본의 통치자가 되었습니다. 나는 누구일까요?

문제 2 어린 시절은 매우 힘들었습니다. 부모님은 거의 포기하셨지만, 나를 위해 좋은 선생님을 찾아 주셨습니다. 그 선생님은 세상을 이해하는 데 도움을 주셨습니다. 유명한 작가와 대중 연설가가 되었습니다. 나는 누구일까요?

Let's start magic English games!

DAY 11

Check! Today's weather.
(오늘 날씨 체크 !)

- Sunny
- Cloudy
- Rainy
- Stormy
- Thundery
- Windy
- Snowy

세인으로부터 메세지가 도착해요!

키워드 **relax**

LINE 의 talk 화면에 키워드를 입력 !

★접속 방법 p.018

Magic tips

오늘을 긍정적으로 보내는 힌트

- **Write down something that you would like to do but that is too hard for you to do now. (If you really want to do it, start working toward it today!)**
  하고 싶지만, 지금은 하기 어려운 것을 적어 보세요.
  (만일 정말로 하고 싶다면, 그것을 향해 오늘부터 일을 시작하세요!)
- **Think about what you would do if an earthquake or other disaster hit. What can you do now to prepare?**
  지진이나 그밖의 재해가 일어나면 무엇을 할지 생각해 보세요. 당신이 지금 준비할 수 있는 것은 무엇입니까?
- **Try to write down everything you ate yesterday.**
  어제 먹은 것을 모두 적어보세요.

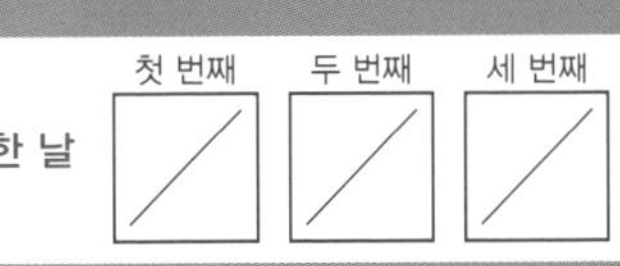

Warm-Up Question

정답 p.114

Q 1 영어 수수께끼

미국 아이들은 수수께끼를 아주 좋아해요. 머리를 유연하게 하여 다음 수수께끼의 답을 고르세요.

문제 1 How many letters are there in the alphabet?

① twenty–six ② eleven ③ eight

Answer ....

문제 2 Where does Friday come before Thursday?

① Wednesday ② in the sea ③ in the dictionary

Answer ....

문제 3 What begins with T, ends with T, and has T in it?

① teapot ② toilet paper ③ television

Answer ....

Q 2 한번에 쓰는 퍼즐

공간인지력
독해력
3분
★★★

예시를 참고로 숫자가 들어있는 칸을 피하여 한번에 써 보세요. 퍼즐 안의 숫자는 면이나 모서리가 접하는 칸 중에 몇 개의 칸에 선이 통과하는지를 나타내는 것입니다.

Example

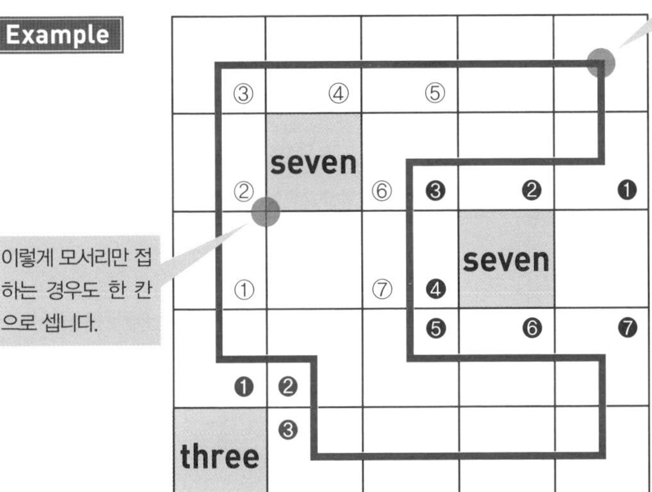

칸 안에서 선이 직각이 되는 경우도 있습니다.
seven
seven
three
이렇게 모서리만 접하는 경우도 한 칸으로 셉니다.

문제 1

		five		
	seven			
				three

Q3 단어 완성하기

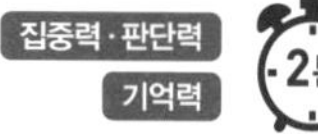

다음 칸에 있는 알파벳을 모두 화살표로 이어가면 한 단어가 됩니다. 힌트를 단서로 화살표를 넣어 숨어 있는 단어를 쓰세요.

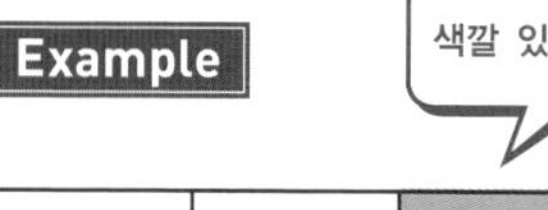

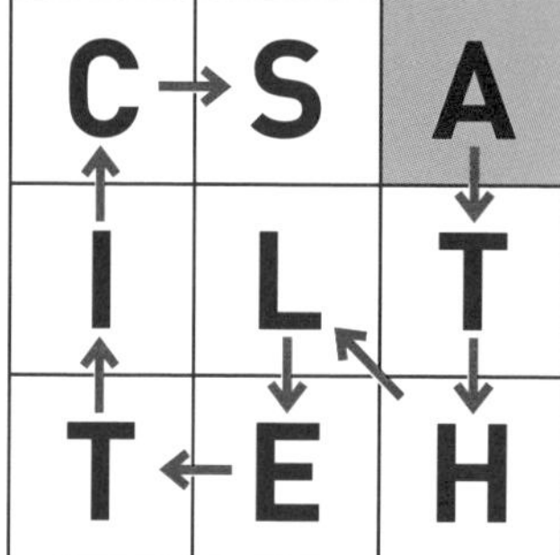

Answer ATHLETICS

문제 1

힌트 힘든 지구력 경기.

T	R	N
I	A	O
T	H	L

Answer

문제 2

힌트 한국의 국기(國技)입니다.

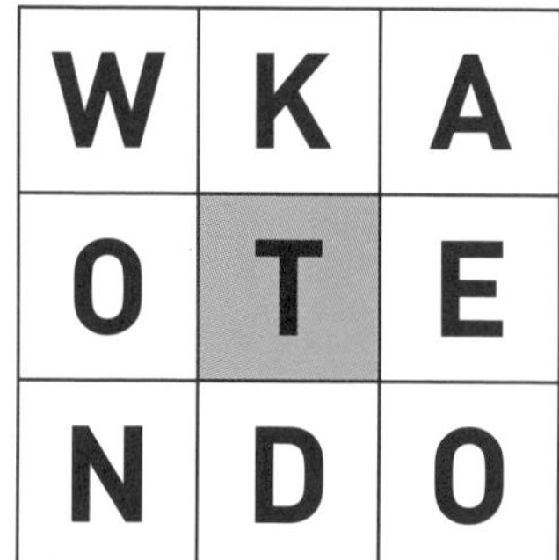

Answer

문제 3

힌트 출발부터 결승점까지 이틀이 걸리는 경기.

N	O	L
E	C	H
D	A	T

Answer

Q 6 앞으로 일어날 상황 예측하기

영문을 읽고 다음 물음에 답하세요.

Lucy and Mary are talking about going on a trip.

Lucy : Let's go to Hawaii. We'll go sunbathing and swimming at Waikiki Beach on the first day.

Mary : Okay! On the second day, let's go see the sunrise from the top of Diamond Head, and then go to that famous pancake restaurant for breakfast.

Lucy : That would be great! Let's rent a car and drive all the way around Oahu Island.

Mary : On the third day, let's go shopping at Ala Moana Shopping Center.

Lucy : Sounds great! Let's go to the travel agency right now!

문제 1 Lucy와 Mary는 이후에 어떻게 할까요?

① 하와이에 간다
② 렌트카를 빌리러 간다
③ 여행사에 간다
④ 팬케이크 가게에 간다

Answer ....

Challenge Question

정답 p.114

Q5 속담 완성하기

문제1~5는 영어속담입니다. 빈 칸에 들어갈 어구를 선택지에서 고르세요.

문제 1 Don't add fuel (　　　　). → 불난 집에 부채질하지 마라

문제 2 Ignorance is (　　　　). → 모르는게 약이다.

문제 3 The calm before (　　　　). → 폭풍 전의 고요.

문제 4 Time flies (　　　　). → 세월은 유수와 같다.

문제 5 Don't count your chickens (　　　　).
→ 김칫국부터 마시지 마라.

▶ 문제 1~5에 이어지는 어구를 다음에서 고르세요.

① the storm
② to the fire
③ like an arrow
④ before they hatch
⑤ bliss

Answer

문제1	문제2	문제3	문제4	문제5
....	....	....	....	....

Q 6 다음에 올 도형 알아맞추기

그림을 잘 보고 다음 물음에 답하세요.

At the top of the pyramid, there's a question mark.
It needs to be replaced by ①, ② or ③.
Which one is correct?

두뇌 트레이닝 advice

그림이 바뀌는 법칙성을 찾아 보세요!

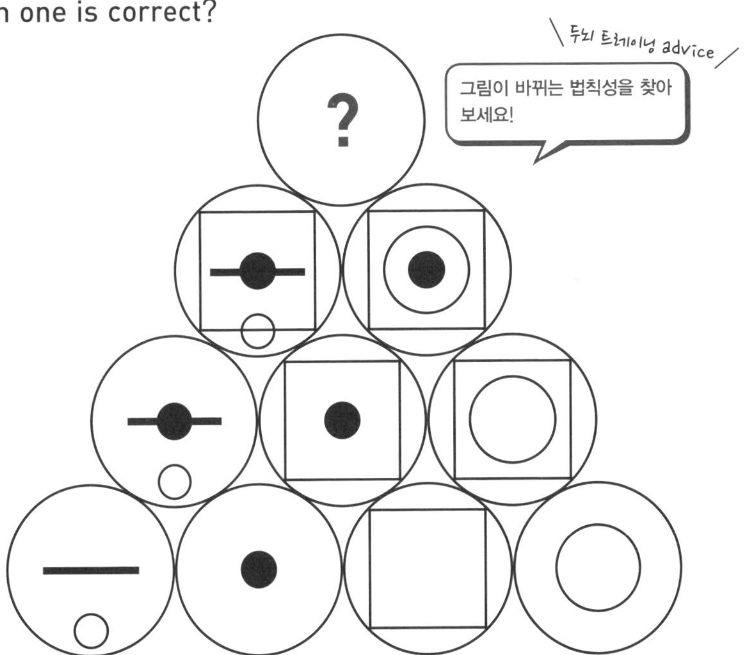

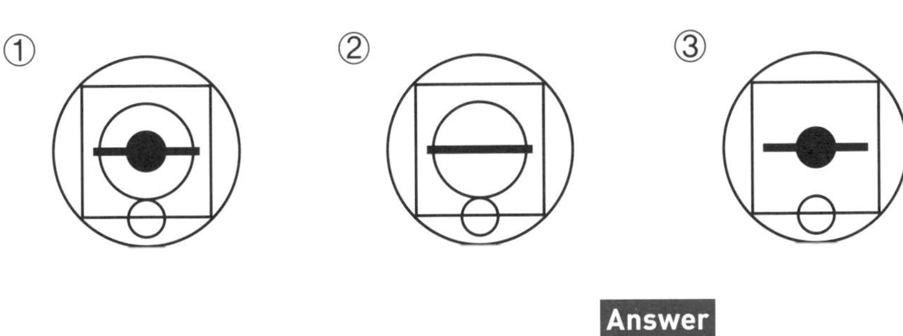

Answer

p.108-113 정답 & 해설

Q1

정답 문제 1 ② eleven
(t–h–e a–l–p–h–a–b–e– t)
문제 2 ③ in the dictionary
문제 3 ① teapot

해설 문제 1 "the alphabet"에는 몇 글자가 있을까요?(11글자)
문제 2 금요일이 목요일 앞에 오는 것은 어디일까요? (사전)
문제 3 T로 시작해서 T로 끝나고, 안에 T가 있는 것은 무엇일까요?
([Tea (홍차)를 끓이다] 티포트)

Q2

정답 문제 1

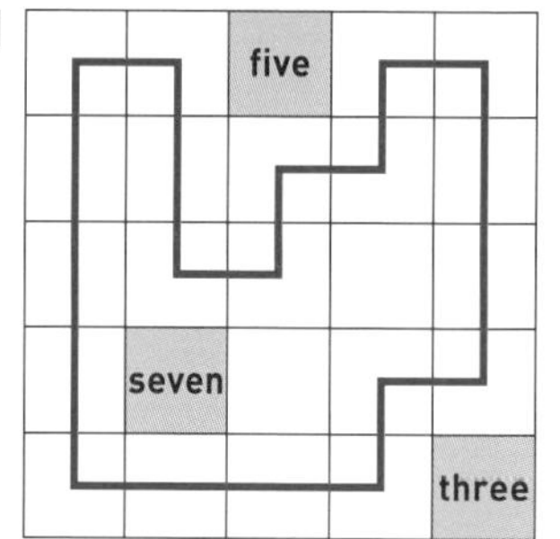

Q3

정답 문제 1 TRIATHLON 문제 2 TAEKWONDO

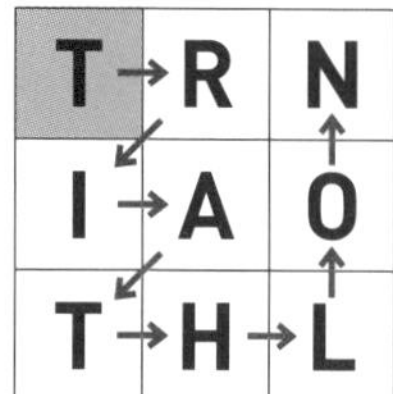

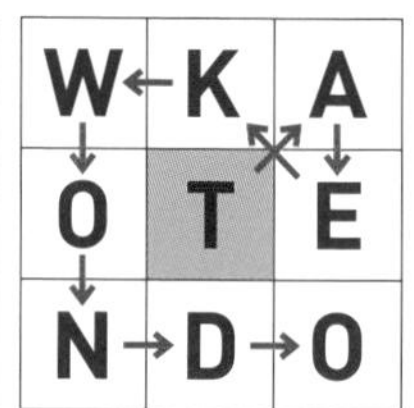

문제 3 DECATHLON

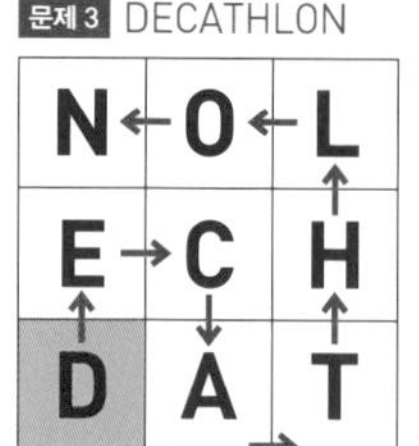

해설
문제 3 트라이애슬론
(TRIATHLON)
문제 3 태권도
(TAEKWONDO)
문제 3 10종경기
(DECATHLON)

Q4

정답 문제 1 ③

해설 루시(Lucy)와 메리(Mary)가 여행에 대한 이야기를 하고 있습니다. 루시 "하와이로 가요. 첫날은 와이키키해변에서 일광욕과 수영을 해요." 메리 "좋아요! 둘째 날에는 다이아몬드 헤드정상에서 해돋이를 보고 나서 아침 식사를 하러 유명한 팬케이크 가게에 가요." 루시 "그거 최고에요! 렌터카를 빌려서 오아후섬을 한 바퀴 돌아요." 메리 "셋째 날에는 알라 모아나 쇼핑센터로 쇼핑하러 가요." 루시 "좋아요! 이제 바로 여행사로 가요."

Q5

정답 문제 1 ② 문제 2 ⑤ 문제 3 ①
문제 4 ③ 문제 5 ④

해설 문제 1 Don't add fuel to the fire.
(불난 집에 부채질하지 마라.)
문제 2 Ignorance is bliss.(모르는 게 약이다.)
* bliss = 더없는 행복
문제 3 The calm before the storm.
(폭풍 전의 고요)
문제 4 Time flies like an arrow.
(세월은 유수와 같다.)
문제 5 Don't count your chickens before they hatch. (김칫국부터 마시지 마라.)

Q6

정답 ①

해설 피라미드 꼭대기에 물음표가 있습니다. ①, ②, ③중에 하나로 바꿀 필요가 있습니다. 어느 것이 맞을까요?

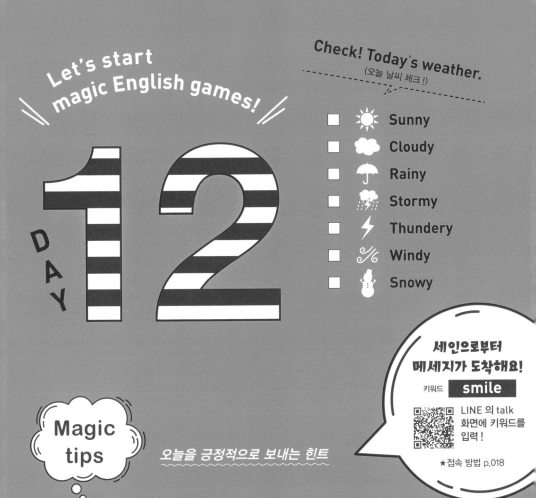

Let's start magic English games!

DAY 12

Check! Today's weather.
(오늘 날씨 체크 !)

- ☐ Sunny
- ☐ Cloudy
- ☐ Rainy
- ☐ Stormy
- ☐ Thundery
- ☐ Windy
- ☐ Snowy

세인으로부터 메세지가 도착해요!

키워드 **smile**

LINE 의 talk 화면에 키워드를 입력 !

★접속 방법 p.018

Magic tips

오늘을 긍정적으로 보내는 힌트

- **Try to generate as little garbage as possible. See if you can generate none.**
  쓰레기를 될 수 있는 대로 줄이세요. 아예 안 만들 수 없는지 살펴보세요.
- **Forget about your cellphone for today.**
  오늘은 휴대전화의 존재를 잊으세요.
- **Write down three words that describe what success means to you.**
  성공이 무엇을 의미하는지 설명하는 단어를 써 보세요.

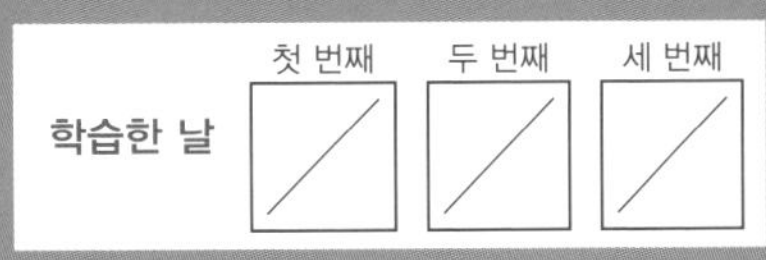

정답 p.122-123

Q1 스탬프 찾기

Ⓐ스탬프와 Ⓑ스탬프를 연결하면 '두 단어로 된 구'가 됩니다.

Ⓐ로 이어지는 Ⓑ스탬프를 고르세요.

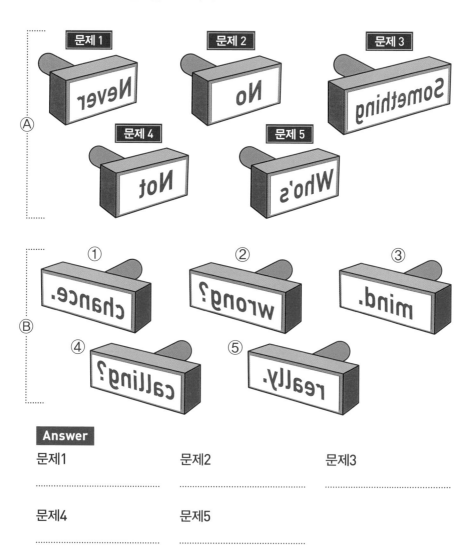

Ⓐ

문제 1 Never

문제 2 No

문제 3 Something

문제 4 Not

문제 5 Who's

Ⓑ

① chance.

② wrong?

③ mind.

④ calling?

⑤ really.

Answer

문제1 ……………… 문제2 ……………… 문제3 ………………

문제4 ……………… 문제5 ………………

Q 2 범인 알아맞추기

다음 글을 잘 읽고 사건의 범인을 각각 고르세요.

문제 1 병원에서 살인사건이 일어났어요.
피해자는 입원환자인 사이토 씨.
그녀는 메모에 다음과 같은 죽음의 메시지를 남겼습니다.
자, 범인은 누구일까요?

① doctor
② nurse
③ patient

Answer ....

문제 2 샬롯(Charlotte)이 간식을 먹으려고 했는데 누군가가 먹은 다음이었습니다. 범인을 아는 할머니가 '범인의 이름이요'라며 힌트가 되는 메모를 건네주었습니다.
자, 범인은 누구일까요?

① Gilbert
② William
③ Jackson

Answer ....

정답 p.122-123

Q3 일본문화를 영어로 말해보기

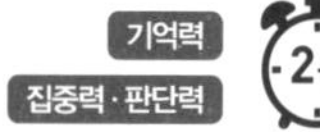

다음 단어를 영어로 바꾸어 밑줄 친 부분에 알맞게 쓰세요.

알파벳 첫 글자가 힌트!

문제 1 이웃집 토토로 → My N________ Totoro

Answer ....

문제 2 반딧불이의 묘 → G________ of the Fireflies

Answer ....

문제 3 기동전사 건담 → Mobile S________ Gundam

Answer ....

문제 4 철완 아톰 → A________ Boy

Answer ....

문제 5 명탐정 코난 → C________ Closed (Conan the Detective)

Answer ....

문제 6 마녀 배달부 → Kiki's Delivery S________

Answer ....

문제 7 접대 → h________

Answer ....

문제 8 온천 → hot s________

Answer ....

문제 9 칼 → s________

Answer ....

Q4 달러로 계산하기

다음 그림에 있는 1센트, 10센트, 50센트 동전과 1달러, 5달러, 10달러, 20달러 지폐를 더하면 얼마가 되는지 계산해 보세요.

두뇌 트레이닝 advice

중간에 금액을 메모하지 말고 머릿속으로만 생각해 보세요.

문제 1 다음 지폐와 동전을 더하면 모두 얼마가 되나요?

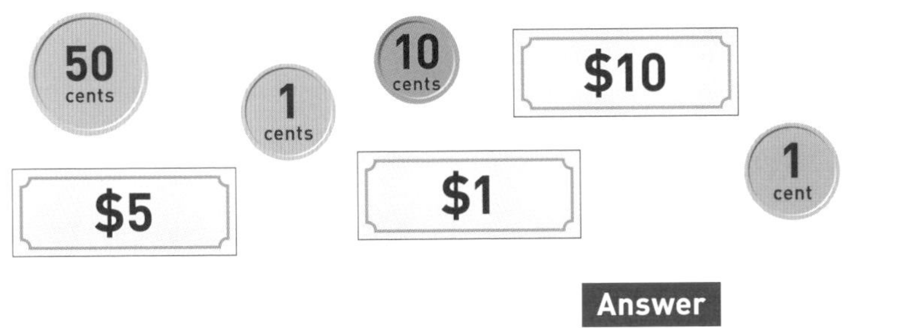

Answer ....

문제 2 지폐와 동전을 모두 합한 금액이 적은 것은 ①과 ② 어느 쪽일까요?

①

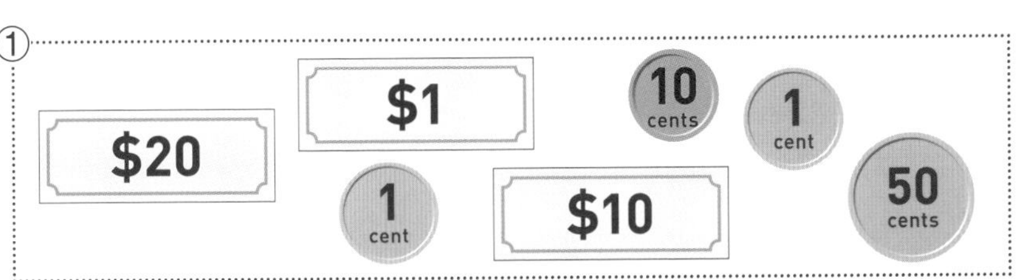

②

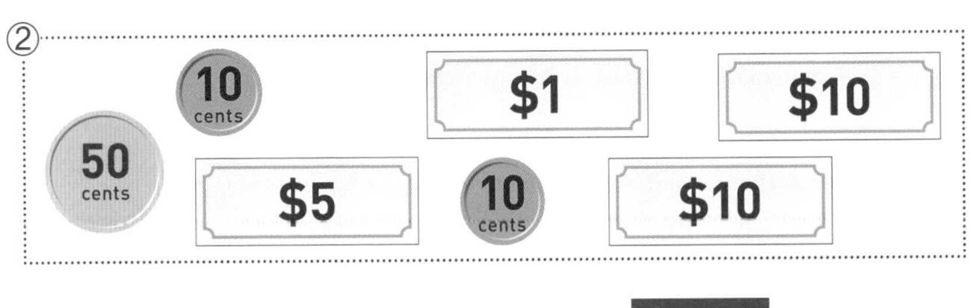

Answer ....

Challenge Question

정답 p.122-123

Q 5 '나' 알아맞추기

우리 주변의 '어떤 것'이 자기소개를 하고 있습니다. 문장 안의 '내'가 무엇인지 알파벳의 첫글자를 힌트로 영어로 답하세요.

문제 1

- When you throw me, I always come back.
- You want me to come back.
- If I don't come back, you have to go get me.
- I am shaped like a banana.
- What am I?

Answer b

문제 2

- I am a sport that can be played both indoors and outdoors.
- Two rackets and a ball are used.
- There are at least two players with a net in between them.
- The ball bounces on a table.
- What am I?

Answer t

문제 3

- I like to be in trees.
- I can move from tree to tree, but I can't fly.
- I like to eat fruit.
- I have a long tail.
- What am I?

Answer m

Q 6 크로스워드

세로 열쇠, 가로 열쇠를 힌트삼아 알파벳으로 빈칸을 채워 나가세요.

모든 칸을 채우고 Ⓐ~Ⓒ칸에 들어갈 문자를 대문자로 답하세요.

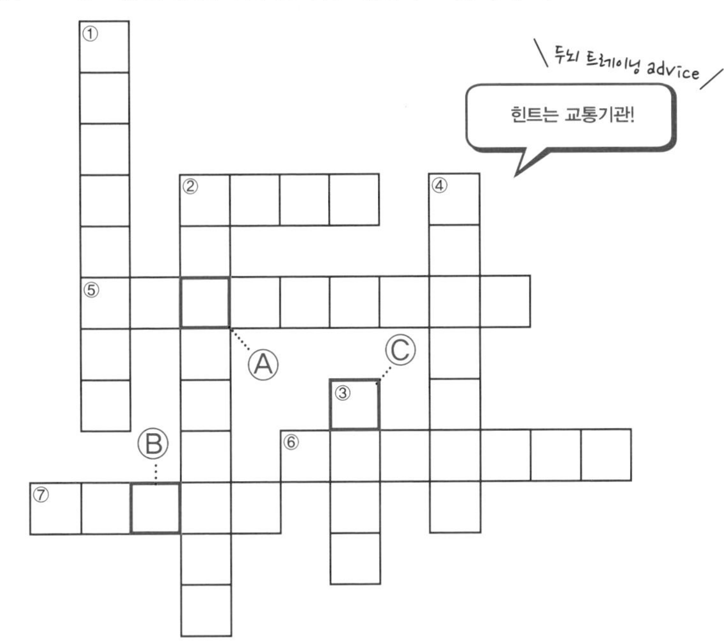

세로 열쇠

① I have two wings and fly in the air.

② This is in the ocean. It's like a ship, but it's underwater.

③ To make this stop, you need to stand near the road and raise your hand.

④ This has two wheels and a handlebar.

가로 열쇠

② I don't like to fly, so I'm going to go to Hawaii by (   ).

⑤ My stomach hurts! Please call an (   ).

⑥ This is an aircraft that floats. You can see it in Saga.

⑦ This is a place that is very crowded, especially during rush hour.

Answer Ⓐ .... Ⓑ .... Ⓒ ....

p.116-121 정답 & 해설

Q1

정답 문제 1 ③ 문제 2 ① 문제 3 ②
문제 4 ⑤ 문제 5 ④

해설 문제 1 Never mind. (신경 쓰지 마세요.)
문제 2 No chance. (그럴 리가 없어요.)
문제 3 Something wrong?(무슨 일 있어요?)
문제 4 Not really. (별로예요)
문제 5 Who's calling? (누구세요?)

Q2

정답 문제 1 ① 문제 2 ②

해설 문제 1 ①의사(doctor) ②간호사(nurse) ③입원환자(patient)
epdups는 doctor를 하나씩 바로 뒤의 알파벳으로 쓴 것(d→e, o→p, c→d, t→u, o→p, r→s)
문제 2 23912129113은 알파벳 순서를 숫자로 바꾼 것(W→23, i→9, l→12, l→12, i→9, a→1, m→13)

Q3

정답 문제 1 Neighbor 문제 2 Grave
문제 3 Suit 문제 4 Astro 문제 5 Case
문제 6 Service 문제 7 hospitality
문제 8 spring 문제 9 sword

해설 문제 1 My Neighbor Totoro (이웃집 토토로)
문제 2 Grave of the Fireflies (반딧불이의 묘)
문제 3 Mobile Suit Gundam (기동전사 건담)
문제 4 Astro Boy (철완 아톰)
문제 5 Case Closed (명탐정 코난)
문제 6 Kiki's Delivery Service (마녀배달부)
문제 7 hospitality (접대)
문제 8 hot spring (온천)
문제 9 sword (칼)

Q4

정답 문제 1 16달러 62센트 문제 2 ②

해설 문제 2 ①은 합계 31달러 62센트, ②는 합계 26달러 70센트

Q5

정답 문제 1 boomerang 문제 2 table tennis
문제 3 monkey

해설 문제 1 당신이 나를 던지면 항상 돌아옵니다. 당신은 내가 돌아왔으면 합니다. 만약 돌아오지 않으면 당신이 가지러 가야 합니다. 바나나 모양을 하고 있습니다. 나는 무엇일까요?
문제 2 실내에서도 야외에서도 할 수 있는 스포츠입니다. 라켓 2개와 공 1개를 사용합니다. 네트를 사이에 두고 적어도 2명의 플레이어가 있습니다. 공은 테이블 위에서 바운드됩니다.
나는 무엇일까요?
문제 3 나무에 있는 것을 좋아합니다. 나무에서 나무로 이동할 수는 있지만, 날지는 못합니다. 과일을 즐겨 먹습니다. 긴 꼬리가 있습니다. 나는 무엇일까요?

Q6

해답 Ⓐ B Ⓑ A Ⓒ T

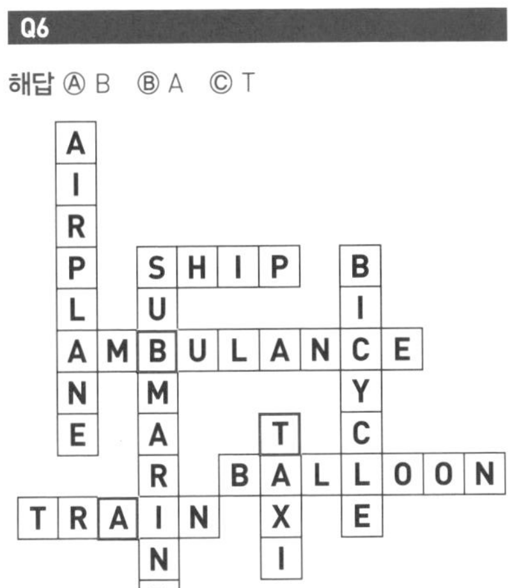

해설

세로 열쇠

① 날개 2개를 가지고 하늘을 납니다.

② 바다 가운데에 있습니다. 배 같지만 수중에 있습니다.

③ 이것을 멈추려면 도로 가까이에 서서 손을 들어야 합니다.

④ 바퀴 2개와 핸들이 있습니다.

가로 열쇠

② 비행기를 싫어해서, 배로 하와이에 가려고 합니다.

⑤ 배가 아파요! 구급차를 불러 주세요.

⑥ 하늘에 떠다니는 열기구입니다. 사가(佐賀)현에서 볼 수 있습니다.

⑦ 특히 출퇴근시간에 아주 붐비는 곳입니다.

Look Back Question

앞 페이지를 떠올리며 다음 질문에 답하세요.

★정답은 칸 밖에 거꾸로 쓰여 있습니다.

문제 1 DAY 10 첫 페이지의 숫자 모양은 무엇이었습니까?

문제 2 DAY 11 키워드는 무엇이었습니까?

문제 3 DAY 12 Magic tips에 나온 것은 ______ phone?

Look Back Question의 정답

문제 1 체크 무늬 (checkered flag pattern) **문제 2** relax **문제 3** cell

〈칼럼 4〉

완만한 운동과 작은 변화로 기억력&집중력 향상!

뇌도 몸의 일부이므로 운동으로 혈류가 좋아지면 뇌도 좋아질 것 같습니다. 그런데 한 마디로 운동이라고 해도 심한 것부터 길고, 괴로운 것까지 그 종류는 다양합니다. 도대체 어떤 운동이 뇌에 좋은 걸까요?

《미국 과학아카데미 학술대회 발표논문집(PNAS)》에 따르면 하루에 10분 정도 완만하게 몸을 움직이는 것만으로 뇌의 특정 부위의 연락과 연계가 좋아지고 기억기능이 개선되는 것으로 나타났습니다. 또 하버드 대학의 연구에서는 가벼운 정도의 운동을 계기로 뇌가 지시를 내려 호르몬의 분비량을 증감시켜 몸과 마음을 쾌적한 상태로 한다…고 되어 있습니다.

즉 무리가 없는 운동은 몸뿐만 아니라 뇌의 기억기능에도 좋은 영향을 주는 것입니다.

그리고 가벼운 운동 이외에, 잘 쓰는 손과 잘 쓰지 않는 손으로 글씨를 쓰거나 평소와는 다른 습관에 도전하는 등의 작은 변화에도 뇌에 새로운 회로가 생겨 기억력이 개선되는 것을 알 수 있습니다. 평상시의 생활에서는 별로 사용하지 않는 편의 뇌를 사용하는 것으로, 동기부여가 상승하거나 집중력을 올리는 효과도 기대할 수 있습니다.

완만한 운동과 생활 속의 작은 변화, 오늘부터 바로 시작해 보지 않겠습니까?

Let's start magic English games!

DAY 13

Check! Today's weather.
(오늘 날씨 체크 !)

- ☐ Sunny
- ☐ Cloudy
- ☐ Rainy
- ☐ Stormy
- ☐ Thundery
- ☐ Windy
- ☐ Snowy

세인으로부터 메세지가 도착해요!

키워드 **strong**

LINE 의 talk 화면에 키워드를 입력 !

★접속 방법 p.018

Magic tips

오늘을 긍정적으로 보내는 힌트

- **Look closely at a leaf and draw it in as much detail as possible.**
  나뭇잎을 잘 관찰하고 가능한 한 상세하게 그려보세요.
- **Start doing something better for your health today like quitting smoking, exercising or eating better.**
  오늘부터 금연이나 운동, 식사 관리 등 건강 개선으로 이어지는 것을 시작해 보세요.
- **Set a goal that will change your life in a small way or a large way.**
  크든 작든 당신의 인생을 바꿀 목표를 설정해 보세요.

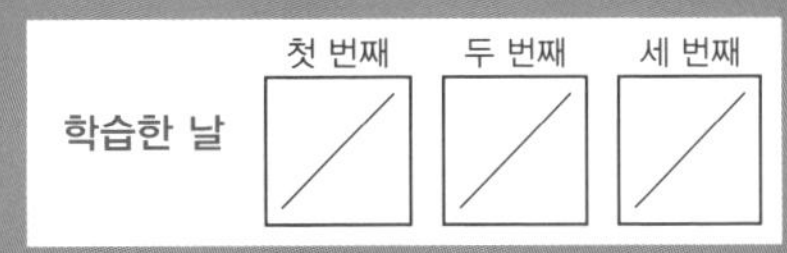

Warm-Up Question

정답 p.132

Q 1 주사위 문제

영문을 읽고 다음 물음에 답하세요.

Put +, −, × or ÷ in the boxes to get the correct answer.

두뇌 트레이닝 advice

영어에서는 계산식을 다음과 같이 읽습니다.
숫자나 기호를 영어로 말하면서 생각해 보세요.
덧셈→1+1=2(one plus one is two; one plus one equals two)
뺄셈→3−1=1(three minus one is two)
곱셈→2x3=6(two times three is six)
나눗셈→20÷4=5(twenty divided by four is five)

문제 1

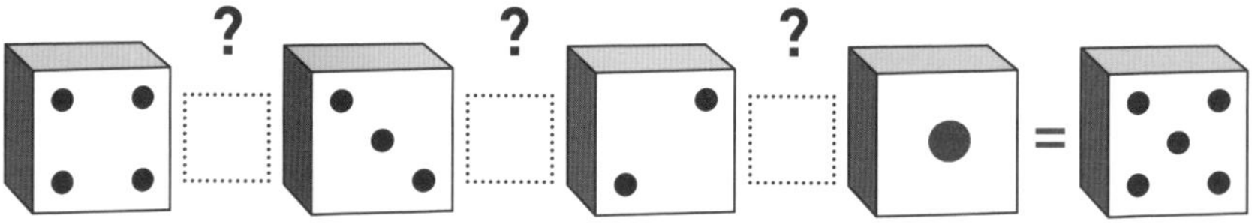

? ? ? =

문제 2

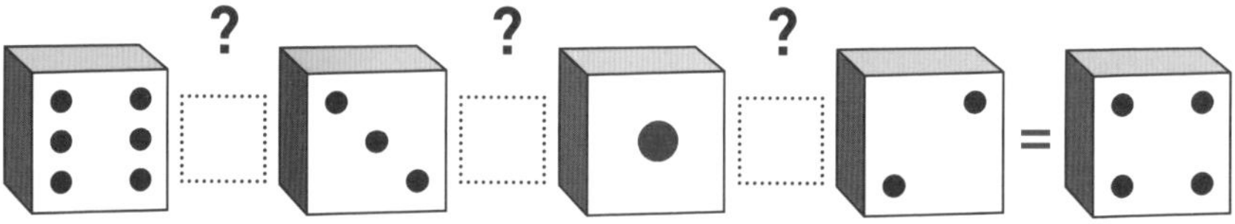

? ? ? =

문제 3

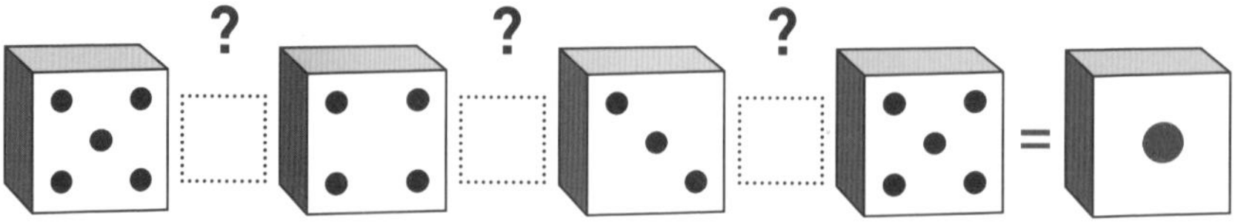

? ? ? =

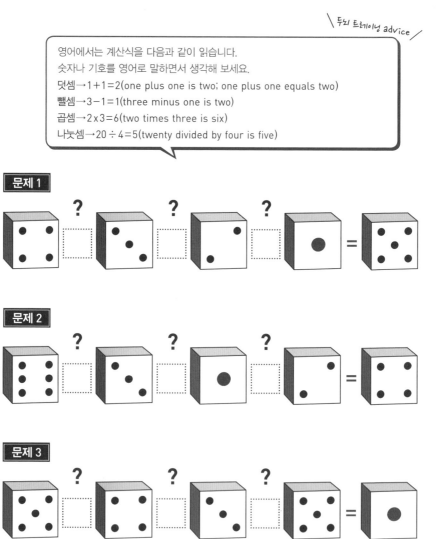

Q 2 잰말놀이 알아듣기!

미국의 잰말놀이입니다. 소리를 듣고 다음 괄호 안에 들어갈 단어를 고르세요.

집중력 판단력 2분 ★★★

문제 1 She (　　　)(　　　) by the seashore.

① says seaside　② sells seashells　③ tells seashore

Answer ……………………

문제 2 I walk to work, and when I (　　)(　　)(　　) a lot.

① work I walk　② walk I work　③ work I work

Answer ……………………

문제 3 Betty Botter (　　　)(　　　)(　　　).

① taught some batters　② thought some cutters
③ bought some butter

Answer ……………………

문제 4 Peter Piper picked a peck of (　　　)(　　　).

① picked Peters　② peppers pickled　③ pickled peppers

Answer ……………………

문제 5 How many bagels could a (　　　)(　　　)
if a beagle could bake bagels?

① bagle bake　② beagle bake　③ beagle bark

Answer ……………………

4 5 6 7 8 9 10 11 12 Day 13 14 15 16 17 18

정답 p.132

Q3 부족한 숫자로 계산하기

사각형 안에는 1~10까지의 숫자 중 1개 부족한 숫자가 있습니다. 그 숫자를 찾아서 암산을 하고 답을 영어로 쓰세요.

두뇌 트레이닝 advice

메모하지 말고 암산하여 오른손과 왼손으로 쓰세요.

문제 1

three	eight	six
ten	five	nine
two	four	seven

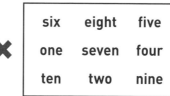

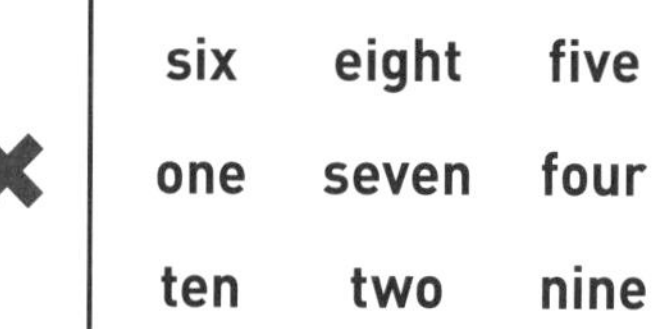

×
six eight five
one seven four
ten two nine
= ?

Answer ....

문제 2

one	two	five
four	eight	three
six	nine	seven

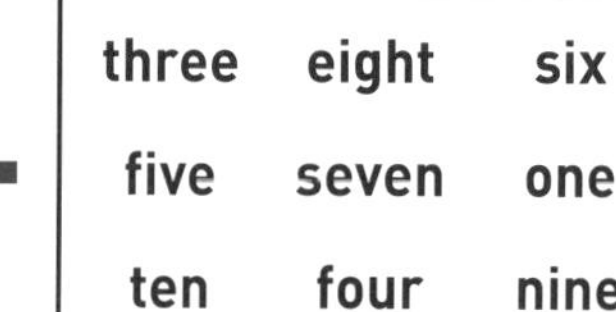

Answer ....

문제 3

eight	one	four
three	seven	nine
five	ten	two

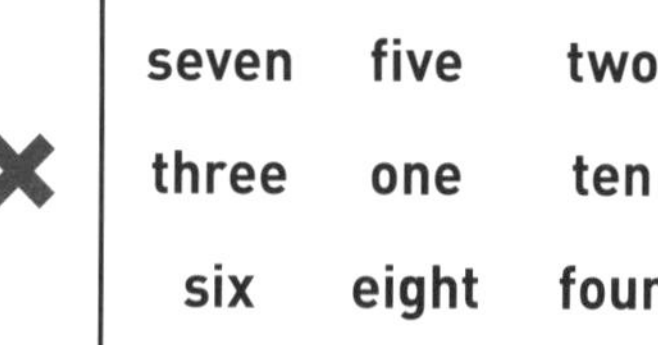

Answer ....

Q 4 올바른 단어 찾기

다음 단어를 의미하는 올바른 영어를 고르세요.

문제 1 '눈엣가시' → a pain in the (   )

① eye ② neck ③ head

Answer ....

문제 2 '주눅이 들다' → get cold (   )

① knees ② legs ③ feet

Answer ....

문제 3 '…을 암기하다' → learn ... by (   )

① heart ② head ③ mind

Answer ....

문제 4 '식은 죽 먹기' → a piece of (   )

① cake ② chocolate ③ bread

Answer ....

문제 5 '밥벌이를 하다' → bring home the (   )

① bacon ② meat ③ cheese

Answer ....

문제 6 '열중하다' → go (   )

① apples ② nuts ③ melons

Answer ....

문제 7 '불티나게 팔리다' → sell like (   )

① fish ② bananas ③ hotcakes

Answer ....

문제 8 '…을 빼먹고 듣다' → take ... with a grain of (   )

① sugar ② salt ③ pepper

Answer ....

정답 p.132

Q 5 숫자를 넣어 완성하기

다음 빈칸 안에 1부터 19까지의 숫자를 한 번만 넣어서 그림을 완성하세요. Example처럼 색깔 있는 칸을 기점으로 하여 3개의 칸의 숫자를 더하면 항상 22가 됩니다.

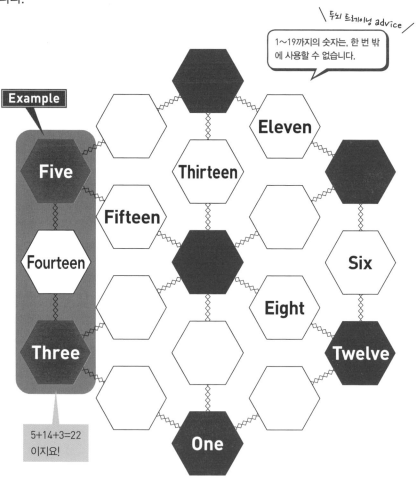

두뇌 트레이닝 advice

1~19까지의 숫자는, 한 번 밖에 사용할 수 없습니다.

Example

Eleven

Five

Thirteen

Fifteen

Fourteen

Six

Eight

Three

Twelve

One

5+14+3=22
이지요!

Q 6 여행영어회화 완성하기

다음 여행 문구의 괄호 안에 들어갈 알맞은 단어를 고르세요.

문제 1 체크인을 부탁합니다. → I'd ( ) check in.

① have to ② want to ③ like to

Answer ....

문제 2 김 지민으로 예약되어 있습니다.
→ I have ( ) under Kim Jimin.

① a reservation ② an appointment ③ a promise

Answer ....

문제 3 귀중품을 좀 맡아 주시겠습니까?
→ Could you keep ( ) for me?

① my belongings ② my baggages ③ my valuables

Answer ....

문제 4 아침 식사는 몇 시입니까? → What time do you ( )?

① serve breakfast ② make breakfast ③ share breakfast

Answer ....

문제 5 한국말을 할 줄 아는 사람 있습니까?
→ ( ) speak Korean?

① Would you ② Do you ③ Does anyone

Answer ....

p.126-131 정답 & 해설

Q1

정답

문제 1

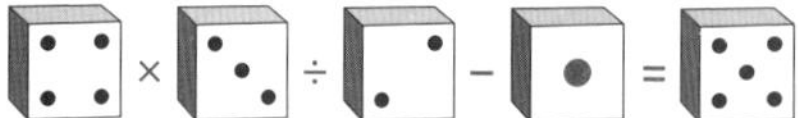

문제 2

문제 3

Q2

정답 문제 1 ② 문제 2 ① 문제 3 ③
문제 3 ③ 문제 3 ②

해설 문제 1 She sells seashells by the seashore. (그녀는 바닷가에서 조개껍데기를 팝니다.)

문제 2 I walk to work, and when I work I walk a lot. (저는 걸어서 출근하고, 일할 때에는 자주 걷습니다.)

문제 3 Betty Botter bought some butter. (베티 보터는 버터를 조금 샀다.)

문제 4 Peter Piper picked a peck of pickled peppers. (피터 파이퍼는 고추 피클을 가득 땄습니다.)

문제 5 How many bagels could a beagle bake if a beagle could bake bagels?(만약 비글개가 베이글을 구울 수 있다면 비글개는 얼마나 많은 베이글을 구울 수 있을까요?)

Q3

정답 문제 1 three(3) 문제 2 five(5)
문제 3 fifty-four(54)

Q4

정답 문제 1 ② neck (a pain in the neck 눈엣가시)

문제 2 ③ feet (get cold feet 주눅이 들다)

문제 3 ① heart (learn…by heart …을 암기하다)

문제 4 ① cake(a piece of cake 식은 죽 먹기)

문제 5 ① bacon(bring home the bacon 밥벌이를 하다)

문제 6 ② nuts(go nuts 열중하다)

문제 7 ③ hotcakes(sell like hotcakes 불티나게 팔리다)

문제 8 ② salt(take…with a grain of salt…빼먹고 듣다)

Q5

정답

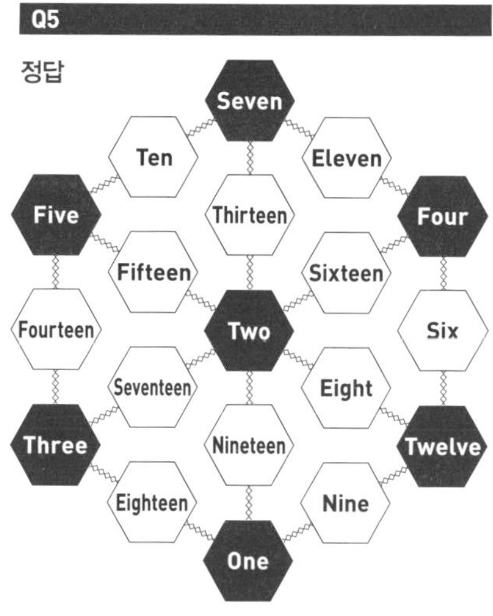

Q6

정답 문제 1 ③ 문제 2 ① 문제 3 ③
문제 4 ① 문제 5 ③

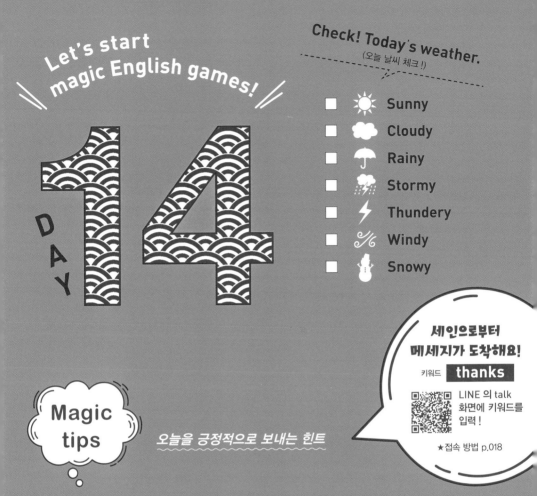

Let's start magic English games!

DAY 14

Check! Today's weather.
(오늘 날씨 체크 !)

- ☐ Sunny
- ☐ Cloudy
- ☐ Rainy
- ☐ Stormy
- ☐ Thundery
- ☐ Windy
- ☐ Snowy

세인으로부터 메세지가 도착해요!

키워드 **thanks**

LINE 의 talk 화면에 키워드를 입력 !

★접속 방법 p.018

Magic tips

오늘을 긍정적으로 보내는 힌트

- **Try to eat as much green food today as possible, such as spinach, broccoli, and cabbage.**
  시금치나 브로콜리, 양배추 같은 채소를 오늘은 되도록 많이 먹도록 하세요.
- **Blend two kinds of teas and savor the flavor.**
  두 종류의 차를 섞어서 풍미를 즐겨보세요.
- **Write down the things that made you happy in the last 24 hours.**
  24시간 이내에 당신을 행복하게 했던 것들을 적어보세요.

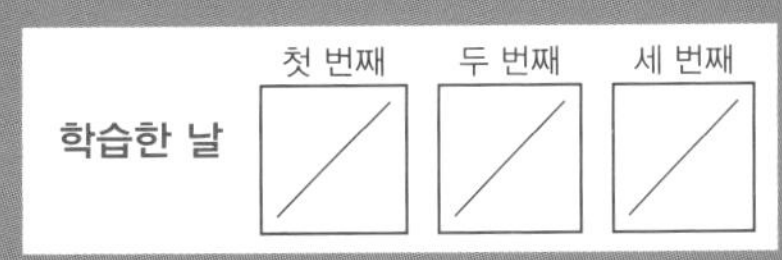

Warm-Up Question

정답 p.140

Q 1 영어 문장

다음 문장의 의미를 나타내는 올바른 영어를 고르세요.

두뇌 트레이닝 advice

비슷한 문장이라도 전혀 다른 의미가 되는 경우가 있어요!

문제 1 '그녀에게 도움을 요청했어요'

① I asked her for a hand.
② I asked her for her hand.

Answer ....

문제 2 '요점이 무엇입니까?'

① What's the point?
② What's your point?

Answer ....

문제 3 (유명인에게) '싸인해 주시겠습니까?'

① Can I have your autograph?
② Can I have your sign?

Answer ....

문제 4 '오늘 일은 끝났어요'

① I'm done for today.
② My company is finished.

Answer ....

문제 5 '김지민 씨는 사무실을 나왔습니다'

① Mr. Kim Jimin left office.
② Mr. Kim Jimin left the office.

Answer ....

Q 2 피라미드 덧셈

같은 단에 있는 옆의 숫자를 더하면 바로 윗단의 숫자가 됩니다. 정답란에 들어갈 숫자를 암산하여 그 숫자를 영어로 쓰세요.

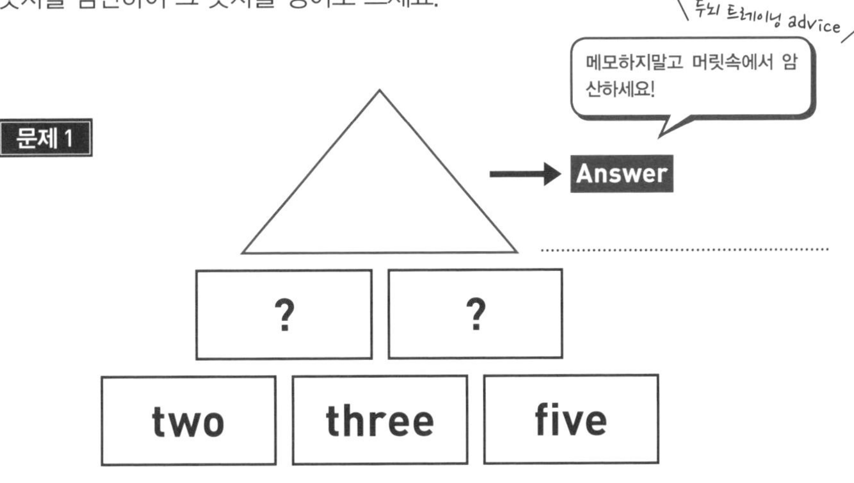

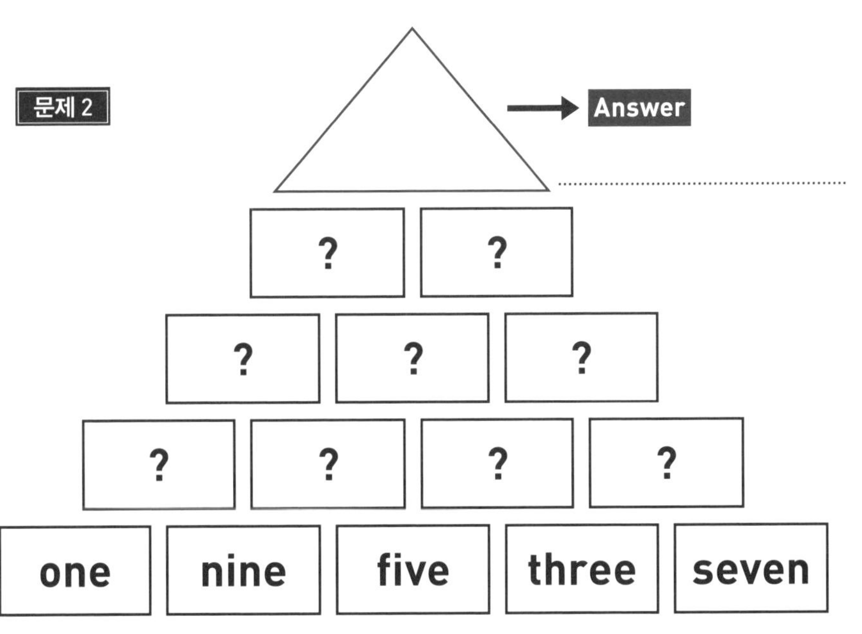

Q3 시각 맞추기

다음 영문을 읽고 알맞은 시간을 고르세요.

시계는 거울에 비쳐서 거꾸로 된 상태로 되어 있어요.

문제 1 Willy and Milly met at the train station at 10:00 on Saturday morning. They got on the 10:15 train and it took them an hour and a half to get to Kyoto Station. At the station, they waited for 20 minutes for their friend to come and pick them up. What time is it now?

① 
② 
③ 

Answer

문제 2 Willy and Milly met at 5:30, then went to a restaurant. But they got in a fight, and so Milly left the restaurant at 6:00. She got in a taxi, and it took her 20 minutes to get home. As soon as she got home, Willy called her and apologized. They talked on the phone for 20 minutes. What time is it now?

① 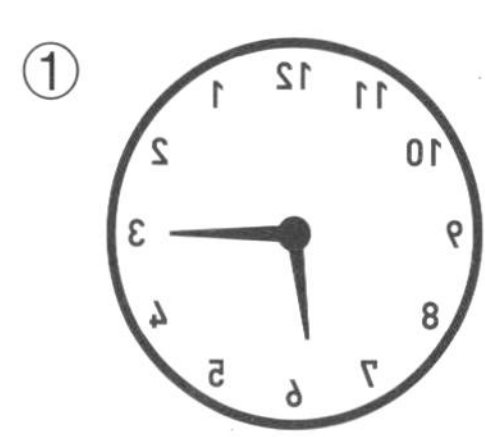
② 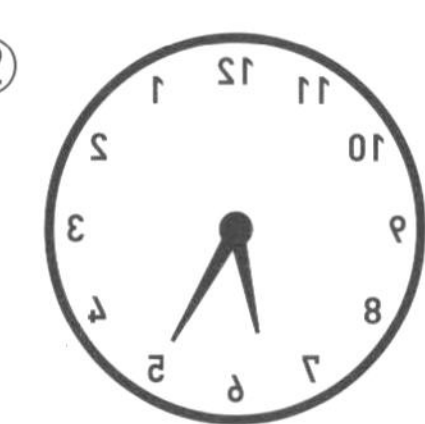
③ 

Answer

Q4 산수 문제

다음 문장을 잘 읽고 알맞은 답을 고르세요.

문제 1 A pizza has ten slices. You eat three slices. Your friend eats two slices. You save two slices for your brother. How many slices are left?

① one slice ② two slices ③ three slices

Answer ....

문제 2 Your friend has 10 candies. He ate four. He gave two to Sam. You and Tim will split the rest. How many candies will you get?

① four candies ② two candies ③ one candy

Answer ....

문제 3 After talking on the phone to Milly for 35 minutes, Willy went to bed and fell asleep at 11:00. Sometime during the night, he had a nightmare and woke up. He was awake for two hours, and then he went back to sleep and woke up at 7:00. How many hours did he sleep?

① four hours ② six hours ③ seven hours

Answer ....

정답 p.140

Q5 좌석 알아맞추기

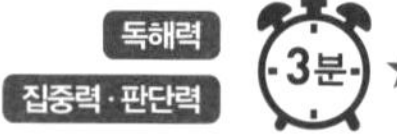

다음 물음에 답하세요.

Daniel이 여자친구 Ellen과 친구 Glen과 Andrew와 Brad, 그리고 동생 Frank와 Chris를 데리고 7명이 축구 경기를 보러 갔습니다. ①~⑤의 설명대로 앉았을 때 올바른 설명은 Ⓐ~Ⓔ중 어느 것입니까?

① Daniel은 A32이고, 그 앞번호에는 Brad가 앉습니다.
② Ellen의 2번 앞 좌석은 Frank입니다.
③ Andrew의 2번 뒤 좌석은 Glen입니다.
④ Chris의 4번 뒤 좌석은 Glen입니다.
⑤ Brad의 3번 뒤 좌석은 Frank입니다.

▶올바른 설명을 아래에서 선택해 주세요.

Ⓐ Andrew is after Brad.
Ⓑ Brad is after Ellen.
Ⓒ Chris is after Daniel.
Ⓓ Daniel is after Frank.
Ⓔ Ellen is after Frank.

Answer ....

Q 6 가위바위보 토너먼트

독해력
분석력 · 정보처리능력
1분 ★★★

①~⑧은 가위바위보를 영어로 표기한 것입니다. 우승은 어디일까요? 가위바위보의 승패를 머릿속에서 기억하면 두뇌 트레이닝도 상승합니다!

Scissors →가위
Rock → 바위
Paper → 보

문제 1

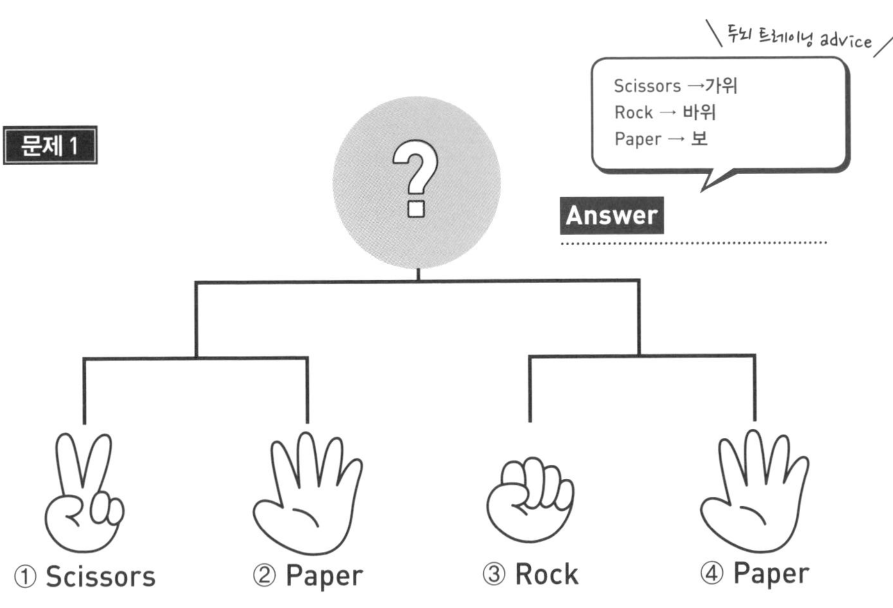

Answer ……………………

문제 2

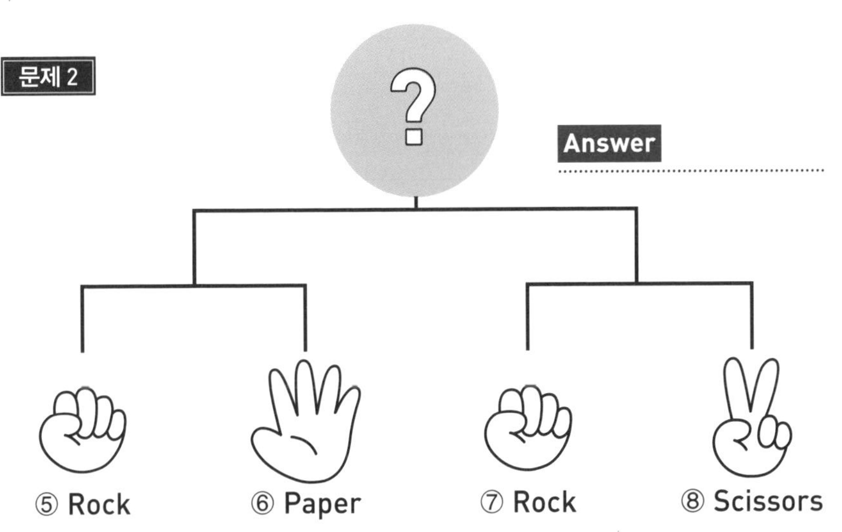

Answer ……………………

p.134-139 정답 & 해설

Q1

정답 문제 1 ① 문제 2 ② 문제 3 ①
문제 4 ① 문제 5 ②

해설 문제 1 ask for a hand로 '도움을 요청하다'. ②의 I asked her for her hand. 는 '그녀에게 청혼했습니다'가 됩니다.
문제 2 ①의 What's the point? 는 '그 의미는 무엇이지요?'→'그런것 의미가 없어요'→'그런 일을 해도 소용없어요'라고 반어적으로 해석하는 문구가 됩니다.
문제 3 ②의 Can I have your sign? 은 명사 sign이 '별자리'라는 뜻도 되기 때문에 '별자리를 가르쳐 주실 수 있나요?' 이런 의미로 해석될 수 있는 가능성이 있습니다.
문제 4 ②의 My company is finished. 라면 '우리 회사는 끝났습니다.'→'우리 회사는 망했습니다.' 라는 뜻이 됩니다.
문제 5 ①leave office라면 '일을 떠나다'→'퇴직하다'가 되어, ①은 '김지민 씨는 퇴직했습니다' 라고 전달될 지도 모릅니다.

Q2

정답 문제 1 thirteen(13)

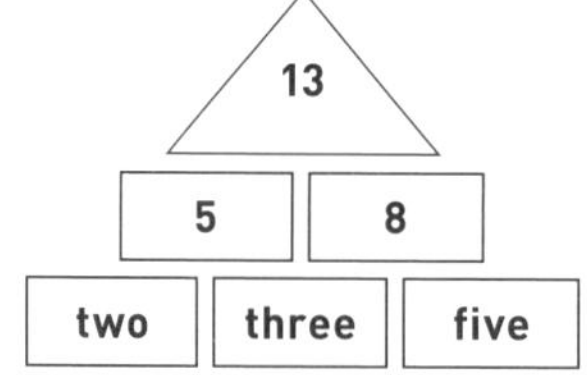

문제 2 eighty-six(86)

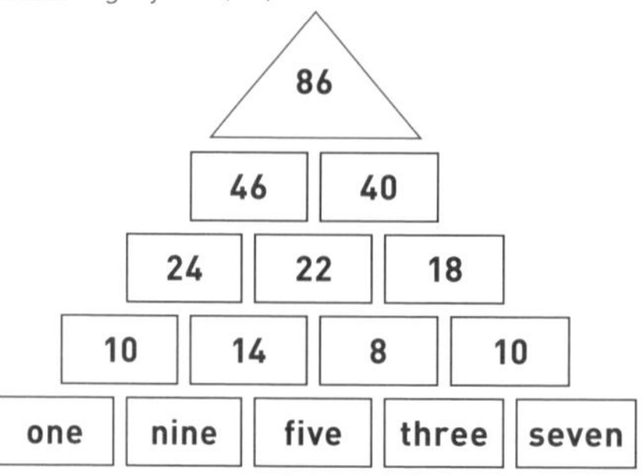

Q3

정답 문제 1 ① 문제 2 ③

해설 문제 1 윌리와 밀리는 토요일 아침 10시에 기차 역에서 만났습니다. 그들은 10시 15분 기차를 타고, 교토역까지 가는데 1시간 30분 걸렸습니다. 역에서 그들을 데리러 올 친구를 20분 동안 기다렸습니다. 지금 몇 시입니까? (정답은 12시 5분)
문제 2 윌리와 밀리는 5시 30분에 만나서 레스토랑에 갔습니다. 하지만 그들은 싸웠고, 그래서 밀리는 6시에 레스토랑을 나갔습니다. 그녀는 택시를 타고 집에 가는 데 20분 걸렸습니다. 그녀가 집에 가자마자 윌리는 그녀에게 전화를 걸어 사과를 했습니다. 그들은 20분 동안 전화 통화를 했습니다. 지금 몇 시입니까? (정답은 6시 40분)

Q4

정답 문제 1 ③ 문제 2 ② 문제 3 ②

해설 문제 1 피자 10조각이 있습니다. 당신이 3조각을 먹습니다. 친구가 2조각을 먹습니다. 동생을 위해서 2조각을 남겨 둡니다. 피자는 몇 조각이 남았습니까?(정답은 3조각)
문제 2 친구가 사탕 10개를 가지고 있습니다. 그는 4개를 먹었습니다. 샘에게 2개를 주었습니다. 당신과 팀이 나머지를 나눠가질 것입니다. 당신은 사탕을 몇 개 받을 수 있습니까? (정답은 2개)
문제 3 밀리와 35분간 전화 통화를 한 후, 윌리는 11시에 잠이 들었습니다. 밤중에 악몽을 꿔서 잠이 깼습니다. 2시간 깨어있다가 다시 잠이 들었고, 7시에 일어났습니다. 윌리는 잠을 몇 시간 잤습니까?(정답은 6시간)

Q5

정답 C

해설 왼쪽에서부터 Brad→Daniel→Chris→Frank→Andrew→Ellen→Glen의 순서. Ⓐ Andrew는 Brad 다음입니다. ⒷBrad는 Ellen 다음입니다. ⒸChris는 Daniel 다음입니다. Ⓓ Daniel은 Frank 다음입니다. ⒺEllen은 Frank 다음입니다.

Q6

정답 문제 1 Scissors 문제 2 Paper

Let's start magic English games!

DAY 15

Check! Today's weather.
(오늘 날씨 체크 !)

- ☐ Sunny
- ☐ Cloudy
- ☐ Rainy
- ☐ Stormy
- ☐ Thundery
- ☐ Windy
- ☐ Snowy

세인으로부터 메세지가 도착해요!

키워드 **wise**

LINE 의 talk 화면에 키워드를 입력 !

★접속 방법 p.018

Magic tips

오늘을 긍정적으로 보내는 힌트

- **Write down three things you'll enjoy doing when you're old. Try to do at least one of those things today.**
  노후에 즐길 수 있는 일 세 가지를 쓰세요. 오늘 그중의 하나라도 해보세요.
- **Recall the names of your friends from the oldest to the newest, and write them down.**
  가장 오래된 친구부터 가장 최근의 친구까지 이름을 떠올려 적어 보세요.
- **Go for a day without a smartphone.**
  스마트폰 없이 하루를 보내세요.

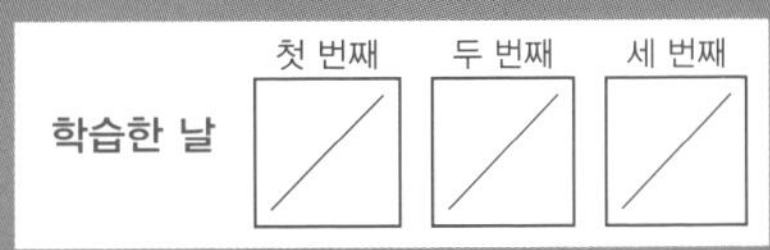

학습한 날	첫 번째	두 번째	세 번째
	/	/	/

Warm-Up Question

정답 p.148-149

Q 1 약어 찾기

자주 보는 다음 약어는 무엇을 의미할까요? 약어 밑에 올바른 영어표기를 하고, 같은 의미의 한국어와 선으로 연결하세요.

\ 두뇌 트레이닝 advice /

오른손과 왼손으로 선을 그어 보세요!

문제 1 ZIP (　　　　　　　　)●		● ① 베이컨, 양상추, 토마토
문제 2 ASAP (　　　　　　　　)●		● ② 녹아웃
문제 3 BLT (　　　　　　　　)●		● ③ 참고로
문제 4 CC (　　　　　　　　)●		● ④ ~씨 댁, 전교(轉校)
문제 5 KO (　　　　　　　　)●		● ⑤ 우편번호
문제 6 ER (　　　　　　　　)●		● ⑥ 유엔
문제 7 FYI (　　　　　　　　)●		● ⑦ 가능한 한 빨리
문제 8 AKA (　　　　　　　　)●		● ⑧ 응급실
문제 9 c/o (　　　　　　　　)●		● ⑨ 참조 수신
문제 10 UN (　　　　　　　　)●		● ⑩ 일명

Q2 단어 찾기 퍼즐

사각형으로 둘러싸인 알파벳 안에 13개의 단어가 숨어 있습니다. 단어 중에는 글자가 거꾸로 되어 있는 것도 있습니다. 힌트를 참고로 해서 각 단어를 선으로 둘러싸세요.

힌트 우주에 관한 단어가 13개 숨어 있습니다.(우주, 태양, 달, 화성, 수성, 목성, 금성, 토성, 명왕성, 해왕성, 천왕성, 별, 지구)

글자가 거꾸로 된 것도 있어요!

Y	S	F	U	R	A	N	U	S	V
J	R	X	H	T	R	A	E	H	E
M	A	O	E	A	D	N	G	R	N
O	M	E	R	C	U	R	Y	J	U
O	P	K	M	T	A	B	U	E	S
N	E	L	P	S	O	P	W	C	P
I	T	E	U	Q	I	L	S	U	N
G	N	R	U	T	A	S	T	Z	D
N	O	C	E	J	O	O	A	B	K
L	U	R	I	N	F	V	R	O	H

비스듬한 것도 있어요!

정답 p.148-149

Q3 여행영어회화 완성하기

다음 여행 문구 중 괄호 안에 들어갈 단어를 고르세요.

문제 1 지역 특산물을 먹어보고 싶습니다.
→ I want to try the (   ).

① country dish ② local specialty ③ prefer

Answer ....

문제 2 어떤 레스토랑을 추천합니까?
→ What restaurant do you (   )?

① support ② recommend ③ prefer

Answer ....

문제 3 가능하면 적당한 가격의 레스토랑이 좋겠습니다.
→ I'd prefer a restaurant with (   ), if possible.

① reasonable prices ② cost performance
③ economy cost

Answer ....

문제 4 대기시간은 얼마입니까? → How long is (   )?

① the keep ② the time ③ the wait

Answer ....

문제 5 예약하지 않았습니다만, 괜찮습니까?
→ Is (   ) if I don't have a reservation?

① it easy ②it safe ③it okay

Answer ....

Q 4 영어 끝말잇기

앞 단어의 마지막 알파벳으로 시작하는 단어를 이어갑니다. 빈칸에 들어갈 단어를 쓰세요.

힌트 모든 동물의 이름이 들어갑니다. ①은 8글자, ②는 8글자, ③은 3글자, ④는 4글자입니다.

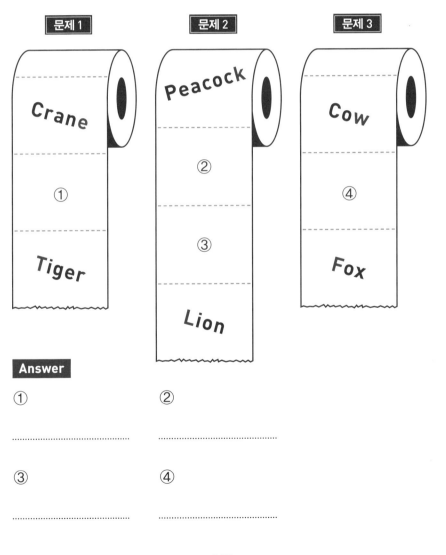

문제 1

Crane

①

Tiger

문제 2

Peacock

②

③

Lion

문제 3

Cow

④

Fox

Answer

① ....

② ....

③ ....

④ ....

정답 p.148-149

Q 5 일러스트를 보고 대답하기

문제 1 위 일러스트를 설명하고있는 ①~③중에서 틀린 것을 고르세요.

① Hansel and Gretel are flying on a magic carpet.
② The witch is holding a magic lamp.
③ Various sweets and candies are floating in the sky.

Answer ....

문제 2 다음 영어의 지시에 따라 주세요.
Circle all the sweets with haoes in the center in the illustration.

문제 3 How many stars are there?

Answer ....

p140-145 정답 & 해설

Q1

정답 문제 1 ⑤ : ZIP 우편번호
(= zone improvement plan)
문제 2 ⑦ : ASAP 가능한 한 빨리
(= as soon as possible)
문제 3 ① : BLT 베이컨, 양상추, 토마토
(= bacon, lettuce, and tomato[sandwich])
문제 4 ⑨ : CC 참조 수신
(= carbon copy)
문제 5 ②: KO 녹아웃
(= knock out)
문제 6 ⑧ : ER 응급실
(= emergency room)
문제 7 ③: FYI 참고로
(= for your information)
문제 8 ⑩ AKA 일명
(= also known as)
문제 9 ④: c/o ~ 씨 댁, 전교(轉校)
(= care of)
문제 10 ⑥:UN 유엔
(= United Nations)

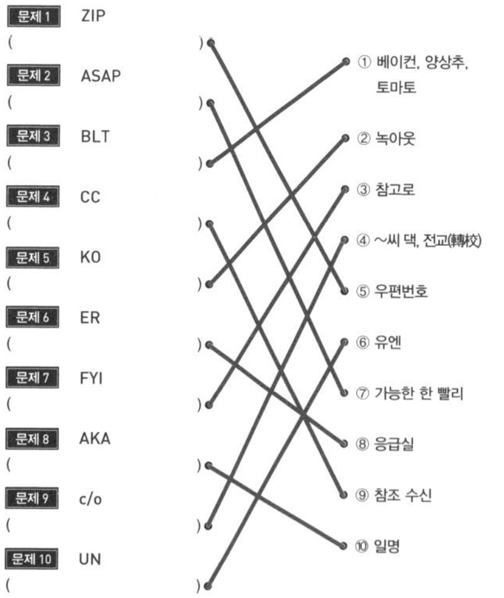

Q2

정답

정답
SPACE(우주), SUN(태양),
MERCURY(수성), VENUS(금성),
EARTH(지구), MARS(화성),
JUPITER(목성), SATURN(토성),
URANUS(천왕성),
NEPTUNE(해왕성),
PLUTO(명왕성), MOON(달),
STAR (별)

Q3

정답 문제 1 ② 문제 2 ② 문제 3 ①
문제 3 ③ 문제 3 ③

해설 문제 1 I want to try the local specialty.
(지역 특산물을 먹어보고 싶습니다.)
문제 2 What restaurant do you recommend?
(어떤 레스토랑을 추천합니까?)
문제 3 I' d prefer a restaurant with reasonable prices, if possible .
(가능하면 적당한 가격의 레스토랑이 좋겠습니다.)

문제 4 How long is the wait?
(대기 시간은 얼마입니까?)
문제 5 Is it okay if I don' t have a reservation?
(예약하지 않았습니다만, 괜찮습니까?)

Q4

정답 문제 1 ① : Elephant
문제 2 ② : Kangaroo ③ : Owl
문제 3 ④ : Wolf

해설 문제 1 Crane(학), Elephant(코끼리), Tiger(호랑이)
문제 2 Peacock(공작), Kangaroo(캥거루), Owl(올빼미), Lion (사자)
문제 3 Cow(소), Wolf(늑대), Fox(여우)

Q5

정답 문제 1 ② 문제 2 4개, 검은 동그라미 참조 문제 3 8개

해설 문제 1 ①헨젤과 그레텔이 마법의 양탄자를 타고 날고 있습니다.
② 마녀가 요술 램프를 들고 있습니다.
③ 다양한 과자와 사탕이 하늘에 떠 있습니다.
문제 2 일러스트 안에 있는 한가운데에 구멍이 뚫린 과자 모두 동그라미를 치세요.
문제 3 별은 몇 개일까요?
(일러스트 안의 빨간 동그라미 참조).

★↑위 일러스트 보너스 문제★

How many lamps are there?

정답 1개

해설 램프는 몇 개 있나요?

more 두뇌 트레이닝

more English!!

〈칼럼 5〉

색깔 표현

파랑은 blue, 빨강은 red...정도는 알고 있어도 '그럼 자주 듣는 "아이보리"는 한국어로 뭐라고 하나요? 라고 물으면 대답할 수 있는 사람은 적을 것입니다. 또 영어에는 한국에서는 생소한 색깔 표현도 있어서, 이런 부분에서도 문화의 차이가 나타납니다.

그럼 다음에 소개하는 색깔 표현, 당신은 몇 개나 대답할 수 있습니까?

＊ □의 체크박스에 오른손과 왼손으로 체크하세요!

한국어	영어
□ 하늘색(물색)	sky blue
□ 짙은 감색	navy
□ 남색	indigo
□ 연두색	yellowish green
□ 올리브색	olive
□ 카키색	khaki
□ 라임색	lime
□ 상아색	ivory
□ 호박색	amber
□ 피부색	flesh color
□ 베이지색	beige

한국어	영어
□ 크림색	cream
□ 주홍색	vermilion
□ 장미색	rose
□ 마젠타색	megenta
□ 무지개색	rainbow
□ 금색	gole
□ 은색	silver
□ 청동색	bronze
□ 구리색	copper
□ 모래색	sand
□ 무색	colorless

＊ 덧붙여서 말하면 미묘한 색조는 light(엷다 · 밝다)나 bright(밝다), pale(엷다), deep(깊다 · 짙다), dark(어둡다)와 같은 형용사를 더해서 표현하는 것이 일반적입니다.

Let's start magic English games!

DAY 16

Check! Today's weather.
(오늘 날씨 체크 !)

- ☐ Sunny
- ☐ Cloudy
- ☐ Rainy
- ☐ Stormy
- ☐ Thundery
- ☐ Windy
- ☐ Snowy

세인으로부터
메세지가 도착해요!
키워드 young
LINE 의 talk
화면에 키워드를
입력 !
★접속 방법 p.018

오늘을 긍정적으로 보내는 힌트

- **Eat something that you haven't eaten since you were a child.**
  어릴 때부터 입에 대지 않은 것을 먹어보세요.
- **Eat dinner using only candle light.**
  촛불만 켜고 저녁 식사를 하세요.
- **Try to go the whole day only eating what you already have in your house.**
  집에 있는 음식만으로 하루를 보내세요.

학습한 날	첫 번째	두 번째	세 번째
	/	/	/

정답 p.158

Q 1 숨은 단어 찾기

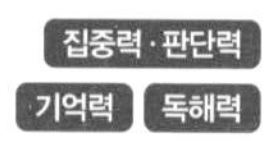

간판 일부가 숨어 있습니다. 올바른 영어로 답하고, 그 의미를 고르세요.

문제 1

문제 2

문제 3

▶문제1~3의 의미를 다음에서 고르세요.

① 좋은 생각이야!　② 바로 그거야!　③ 즐겨라!

Answer　문제1 ....　문제2 ....　문제3 ....

Q 2 속담 알아듣기!

음성를 듣고 다음 속담의 괄호 안에 들어갈 단어를 고르세요.

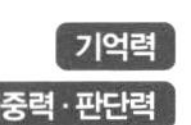

문제 1 Evil communications corrupt ( ) ( ).
먹을 가까이 하면 검어진다.

① bad money ② good manners ③ great moneys

Answer ....

문제 2 The squeaking wheel ( ) ( ) ( ).
우는 아이 젖 준다.

① gets the oil ② let it go ③ is getting old

Answer ....

문제 3 Too ( ) ( ) spoil the broth.
사공이 많으면 배가 산으로 올라간다.

① many cookies ② many cookings ③ many cooks

Answer ....

문제 4 Never ( ) ( ) until tomorrow what you can do today. 시작이 반이다.

① play on ② put off ③ pitch for

Answer ....

문제 5 Who likes not his business, his business ( ) ( ) ( ).
좋아서 하는 일이야말로 숙달하는 첩경이다.

① takes only him ② loves for him ③ likes not him

Answer ....

정답 p.158

Q3 부족한 숫자로 계산하기

사각형 안에는 1~10까지의 숫자 중 1개만 빠진 숫자가 있습니다.

그 숫자를 찾아서 암산을 하고 답을 영어로 쓰세요.

두뇌 트레이닝 advice

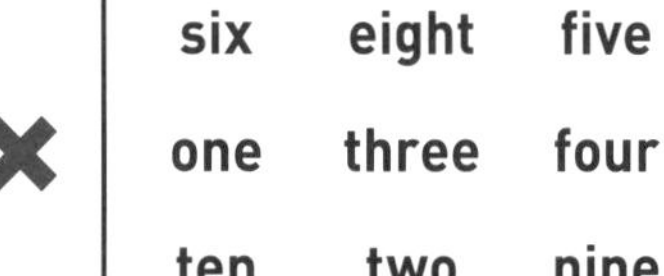

메모하지말고 암산하여 오른
손과 왼손으로 쓰세요.

문제 1

three	eight	nine
ten	five	one
two	four	seven

×

six	eight	five
one	three	four
ten	two	nine

= ?

Answer ....

문제 2

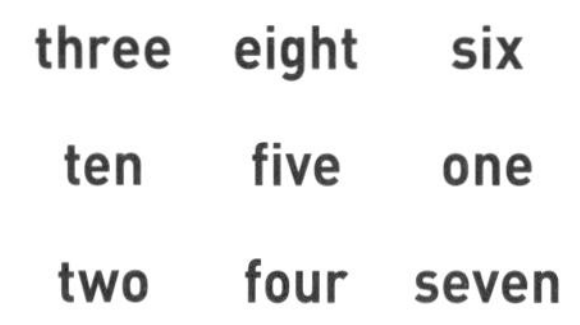

three	eight	six
ten	five	one
two	four	seven

÷

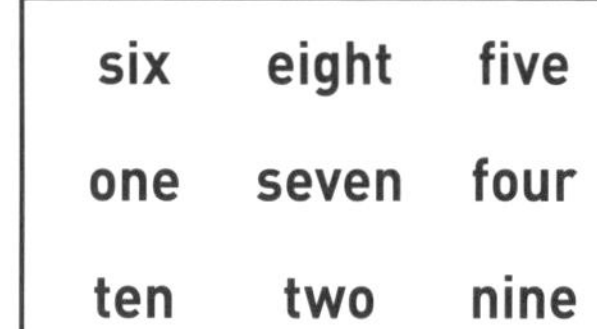

six	eight	five
one	seven	four
ten	two	nine

= ?

Answer ....

문제 3

one	six	four
nine	two	ten
five	seven	three

÷

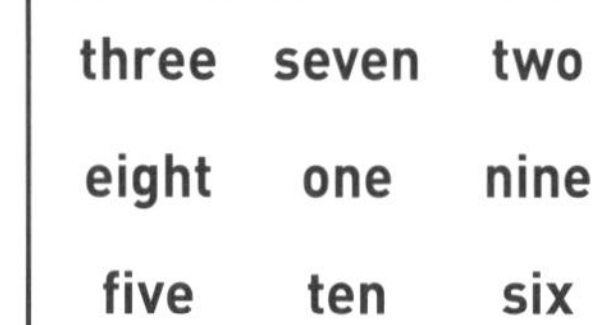

three	seven	two
eight	one	nine
five	ten	six

Answer ....

Q 4 '나' 알아맞추기

★★★

우리 주변의 '어떤 것'이 자기소개를 하고 있습니다. 문장 안의 '내'가 무엇인지 알파벳의 첫글자를 힌트로 영어로 답하세요.

- Come in many shapes, but am usually small.
- I am very useful when you are writing or drawing.
- I help you fix your mistakes.
- What am I?

Answer e ....

문제 2

- I am an American sport.
- My ball is brown.
- You can kick, carry and throw the ball.
- Players wear helmets because they fall a lot.
- What am I?

Answer A ....

문제 3

- I am a common game.
- I help you make decisions.
- You use one hand to make three shapes.
- Each shape has a special strength.
- Two or more people can play me.
- What am I?

Answer r ....

정답 p.158

Q 5 산수 문제

다음 문장을 읽고 올바른 답을 선택지에서 고르세요.

문제 1 There are five people in a classroom. There is one teacher, and there are two parents. How many students are there?

① One student.
② Two students.
③ Three students.

Answer ....

문제 2 You are watching a basketball game. The score is 4 for blue team and 5 for red team. The blue team shoots and misses. The red team shoots and scores. The blue team scores a three–point shot. Who is winning?

① The blue team.
② The red team.
③ The two teams are tied.

Answer ....

문제 3 You have 6 hats. There are three colors. One is blue and three are black. How many are yellow?

① Six are yellow.
② Three are yellow.
③ Two are yellow.

Answer ....

Q 6 올바른 길 찾기

당신은 지금 지도 안의 'YOU'의 장소에 있습니다. 다음 중에서 성까지 가는 길을 올바르게 설명한 글을 고르세요.

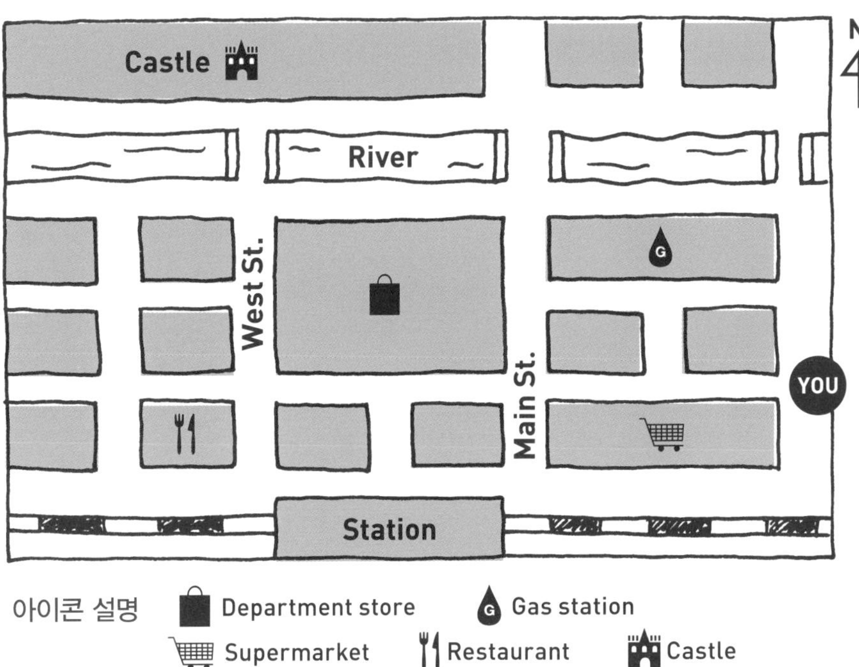

아이콘 설명 Department store Gas station Supermarket Restaurant Castle

① Go straight past the supermarket. Turn left into Main Street. The castle will be on the second block.

② Go straight ahead through Main Street and on to West Street. The castle is on the corner diagonally opposite the department store.

③ Go straight until you reach West Street. Turn right into West Street and walk past the department store until you see the castle in front of you.

Answer

p.152-157 정답 & 해설

Q1

정답 문제 1 ③ Enjoy! (즐겨라!)
문제 2 ② Exactly! (바로 그거야!)
문제 3 ① Great idea! (좋은 생각이야!)

Q2

정답 문제 1 ② 문제 2 ① 문제 3 ③
문제 4 ② 문제 5 ③

해설 문제 1 Evil communications corrupt good manners.
(먹을 가까이 하면 검어진다.=직역 : 사악한 자와의 친교는 좋은 행실을 망친다.)
문제 2 The squeaking wheel gets the oil.
(우는 아이 젖 준다.=직역: 삐걱거리는 바퀴가 기름을 얻는다.)
문제 3 Too many cooks spoil the broth .
(사공이 많으면 배가 산으로 올라간다.=직역 : 요리사가 많으면 스프를 망친다.)
문제 4 Never put off until tomorrow what you can do today.
(시작이 반이다.=직역 : 오늘 할 일을 내일로 미루지 말라.)
문제 5 Who likes not his business, his business likes not him.
(좋아서 하는 일이야말로 숙달하는 첩경이다.=직역 : 자기 일을 좋아하지 않는 자는 일도 자기를 좋아하지 않는다.)

Q3

정답 문제 1 forty-two(42) 문제 2 three (3)
문제 3 two (2)

Q4

정답 문제 1 eraser (지우개)
문제 2 American Football (미식축구)
문제 3 rock scissors paper(가위바위보)

해설 문제 1 여러 모양이 있습니다만, 대개는 작습니다. 글을 쓰거나 그림을 그리거나 할 때 많은 도움이 됩니다. 틀린 것을 고치는데 도움을 줍니다. 나는 무엇일까요?
문제 2 미국의 스포츠입니다. 공은 갈색입니다. 공을 차고, 옮기고, 그리고 던질 수 있습니다. 선수들은 자주 넘어지기 때문에 헬멧을 착용합니다. 나는 무엇일까요?
문제 3 누구나 알고 있는 게임입니다. 결단을 내리는 데 도움을 줍니다. 한 손으로 3가지 모양을 만듭니다. 각각의 모양에 특별한 강점이 있습니다. 2명 혹은 그 이상의 인원으로 합니다. 나는 무엇일까요?

Q5

정답 문제 1 ②(Two students.)
문제 2 ③(The two teams are tied.)
문제 3 ③(Two are yellow.)

문제 1 교실에는 5명이 있습니다. 1명은 선생님이고, 2명은 보호자입니다. 학생은 몇 명 있습니까?
문제 2 당신은 농구경기를 보고 있습니다. 청팀이 4점, 홍팀이 5점 입니다. 청팀이 슛을 하지만 빗나갑니다. 홍팀이 슛을 해서 득점합니다. 청팀이 3점 슛을 성공시킵니다. 이긴 팀은 어느 쪽입니까?
문제 3 모자가 6개 있습니다. 3가지 색상입니다. 하나는 파란색, 3개는 검은색입니다. 노란색은 몇 개입니까?

Q6

정답 ③

해설 ① 직진해서 슈퍼마켓을 지나갑니다. 메인 스트리트로 좌회전합니다. 성은 두 번째 블록에 있습니다.
② 메인 스트리트를 지나 웨스트 스트리트까지 직진합니다. 성은 백화점의 대각선 맞은편 모퉁이에 있습니다.
③ 웨스트 스트리트까지 직진합니다. 웨스트 스트리트로 우회전해서 백화점을 지나 눈앞에 성이 보일 때까지 걸어갑니다.

Let's start magic English games!

DAY 17

Check! Today's weather.
(오늘 날씨 체크 !)

- ☐ Sunny
- ☐ Cloudy
- ☐ Rainy
- ☐ Stormy
- ☐ Thundery
- ☐ Windy
- ☐ Snowy

세인으로부터 메세지가 도착해요!

키워드 **action**

LINE 의 talk 화면에 키워드를 입력 !

★접속 방법 p.018

Magic tips

오늘을 긍정적으로 보내는 힌트

- **Count the number of animals that you see in a day.**
  하루에 몇 마리의 동물을 보는지 세어보세요.
- **Get up 5 minutes earlier tomorrow morning.**
  내일 아침에는 5분 일찍 일어나세요.
- **Give a plant in your room a name and call it by that name.**
  방에 있는 식물에 이름을 붙이고, 그 이름을 불러보세요.

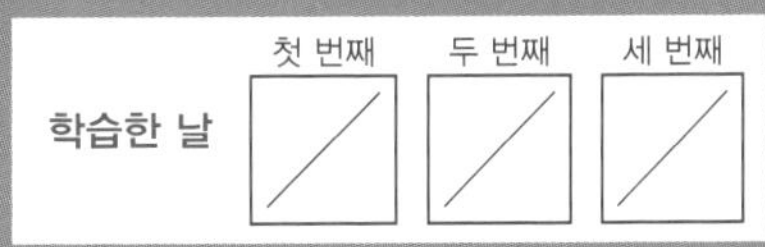

Warm-Up Question

정답 p.166

Q 1 주사위 문제

영문을 읽고 다음 물음에 답하세요.

Put +, −, × or ÷ in the boxes to get the correct answer.

두뇌 트레이닝 advice

영어에서는 다음과 같이 계산식을 읽습니다.
숫자나 기호를 영어로 말하면서 생각해 보세요.
덧셈→1+1=2(one plus one is two; one plus one equals two)
뺄셈→3−1=1(three minus one is two)
곱셈→2x3=6(two times three is six)
나눗셈→20÷4=5(twenty divided by four is five)

문제 1

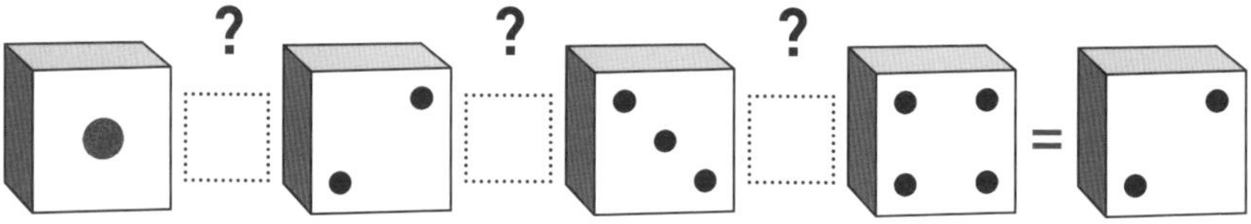

? ? ? =

문제 2

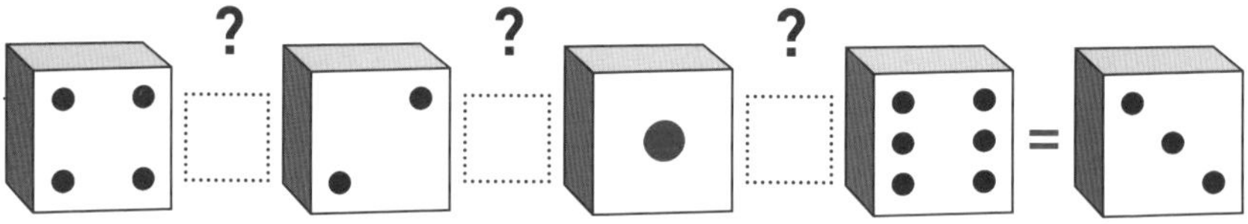

? ? ? =

문제 3

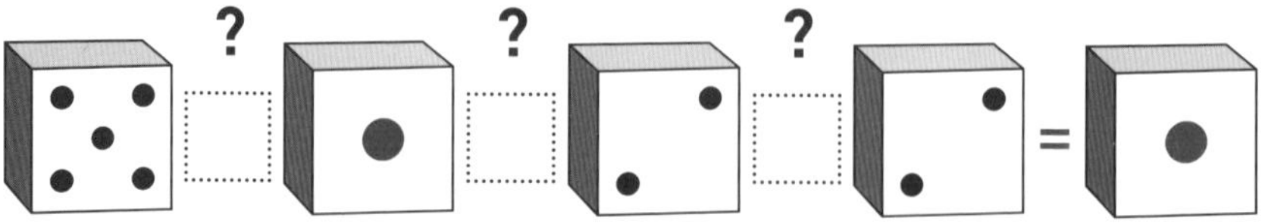

? ? ? =

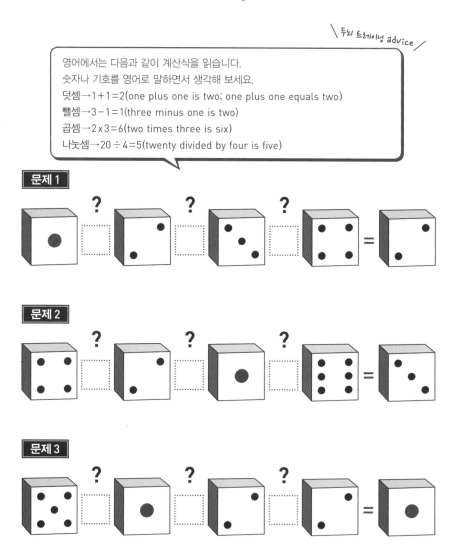

Q 2 올바른 단어 찾기

다음의 단어를 의미하는 올바른 영어를 고르세요.

문제 1 '소금 한 자밤' → a (　　　　) of salt

① shot　② pinch　③ piece

Answer ....

문제 2 '바나나 한 송이' → a (　　　　) of bananas

① bunch　② slice　③ loaf

Answer ....

문제 3 '물고기 한 무리' → a (　　　　) of fish

① school　② herd　③ flock

Answer ....

문제 4 '분수'

① fraction　② numerator　③ denominator

Answer ....

문제 5 '홀수'

① even number　② odd number　③ imaginary number

Answer ....

문제 6 '지름'

① diagonal　② radius　③ diameter

Answer ....

문제 7 '직사각형'

① parallelogram　② octagon　③ rectangle

Answer ....

Q 3 왕따 단어 찾기

One of the words written on the scroll is the odd one out.
Find it and circle it.

두뇌 트레이닝 advice

오른손과 왼손으로 동그라미를 그리면 더욱 뇌가 활성화!

문제 1 힌트 도형에 관련된 단어입니다.

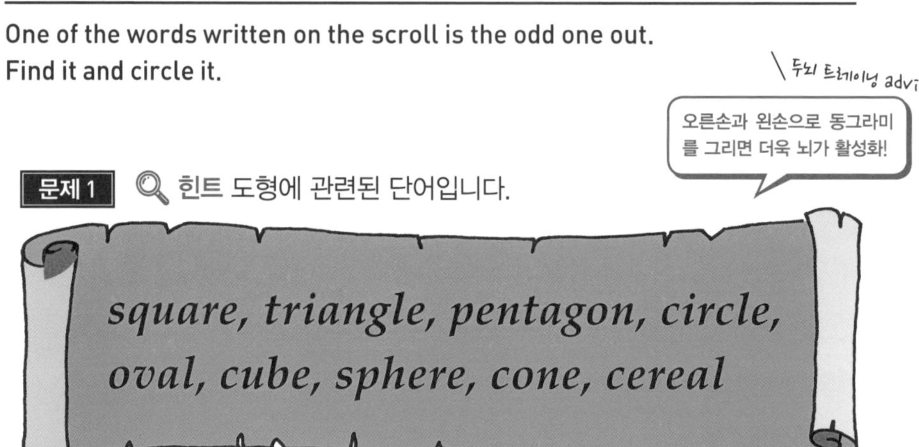

문제 2 힌트 세계의 바다와 관련된 단어입니다.

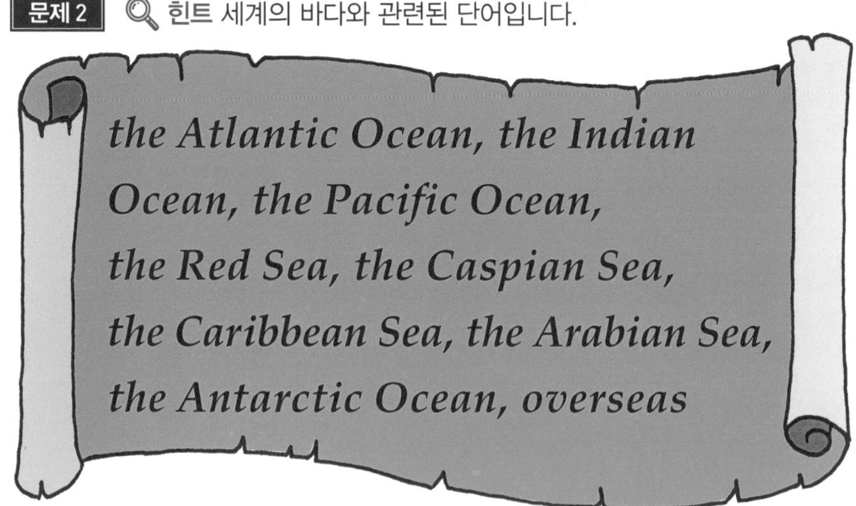

the Atlantic Ocean, the Indian
Ocean, the Pacific Ocean,
the Red Sea, the Caspian Sea,
the Caribbean Sea, the Arabian Sea,
the Antarctic Ocean, overseas

Q 4 일상 영어회화 알아듣기!

음성을 듣고 괄호 안에 들어갈 단어를

고르세요.

기억력 집중력·판단력 2분 ★★★

듣기 문제

키워드 river

LINE 의 talk 화면에 키워드를 입력 !

★접속 방법 p.018

문제 1 How can I (   ) (   ) ?

① have you ② hear you ③help you

Answer ....

문제 2 Where do you (   ) (   ) (   ) ?

① want to eat ② want to play ③ want to go

Answer ....

문제 3 Change to the Yamanote Line at the (   ) (   ) .

① next stop ② nearest station ③ next station

Answer ....

문제 4 This train goes (   ) (   ) (   ) from Yokohama to Tokyo.

① all the way ② on a way ③ all a way

Answer ....

문제 5 I'm glad (   ) (   ) (   ) .

① I would help ② I can have ③ I could help

Answer ....

Challenge Question

정답 p.166

Q 5 영어 수수께끼

미국 아이들은 수수께끼를 아주 좋아합니다. 머리를 유연하게 하여 다음 수수께끼의 답을 고르세요.

문제 1 Bobby throws a ball as hard as he can. It comes back to him, even though nothing and nobody touches it. How?

① He throws it straight up.
② He throws it straight down.
③ He throws it straight.

Answer ....

문제 2 What occurs once in a minute, twice in a moment, and never in one thousand years?

① The letter A
② The letter M
③ The letter T

Answer ....

문제 3 What is so delicate that saying its name breaks it?

① Broken
② Bone
③ Silence

Answer ....

Q 6 정육면체로 생각하기

정육면체를 겹친 ①과 ②를 보고, 다음 물음에 답하세요.

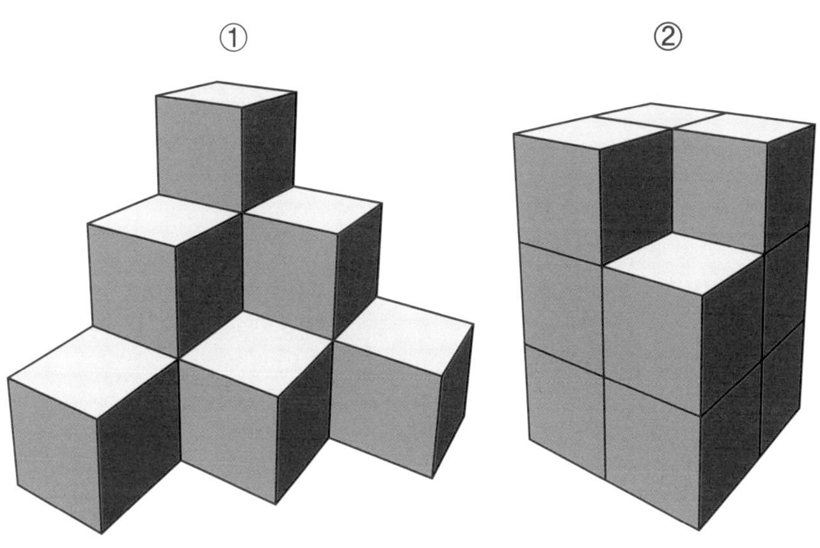

문제 1 Which has more cubes?

Answer ....

문제 2 Which has more cubes touching the floor?

Answer ....

문제 3 How many cubes are touching the wall in total?

Answer ....

p.160-165 정답 & 해설

Q1

정답 문제 1

\+ + − =

문제 2

× + − =

문제 3

÷ − − =

Q2

정답 문제 1 ② 문제 2 ① 문제 3 ① 문제 4 ①
문제 5 ② 문제 6 ③ 문제 7 ③

해설 문제 1 pinch
(a pinch of salt 로 '소금 한 자밤')
문제 2 bunch
(a bunch of bananas 로 '바나나 한 송이')
문제 3 school
(a school of fish로 '물고기 한 무리')
문제 4 fraction (분수)
문제 5 odd number(홀수)
문제 6 diameter(지름)
문제 7 rectangle (직사각형)

Q3

정답 문제 1 cereal 문제 2 overseas

해설 문제 1 square(정사각형), triangle(삼각형), pentagon(오각형), circle(원), oval(타원), cube(정육면체), sphere(구체(球体)), cone (원뿔), cereal(시리얼)
문제 2 the Atlantic Ocean(대서양), the Indian Ocean(인도양), the Pacific Ocean (태평양), the Red Sea(홍해), the Caspian Sea(카스피해), the Caribbean Sea(카리브해), the Arabian Sea(아라비아해), the Antarctic Ocean(남극해), overseas(해외 여러 지역)

Q4

정답 문제 1 ③ 문제 2 ③ 문제 3 ③
문제 4 ① 문제 5 ③

해설 문제 1 How can I help you ?
(무엇을 도와드릴까요?)
문제 2 Where do you want to go?
(어디로 가고 싶어요?)
문제 3 Change to the Yamanote Line at the next station .
(다음 역에서 야마노테선으로 갈아타세요)
문제 4 This train goes all the way from Yokohama to Tokyo.
(이 기차는 요코하마에서 도쿄까지 갑니다.)
문제 5 I'm glad I could help .
(도움이 되었다니 다행이네요.)

Q5

정답 문제 1 ① 문제 2 ② 문제 3 ③

해설 문제 1 바비는 힘껏 공을 던집니다. 아무것도 건드리지도 않고 아무도 건드리지 않았는데 그에게 돌아옵니다. 어떻게 된 걸까요? (위로 던졌으니까)
문제 2 1분에 한 번, 순간에 두 번 나타나지만 천 년에는 한 번도 나타나지 않는 것은 무엇일까요?(알파벳 M)
문제 3 너무 섬세하고, 이름을 말하면 꺼져버리는 것은 무엇일까요?(정적)

Q6

정답 문제 1 ② 문제 2 ① 문제 3 12개

해설 문제 1 정육면체가 많은 것은 어느 쪽일까요?(①은 10개, ②는 11개)
문제 2 바닥에 접해 있는 정육면체가 많은 것은 어느 쪽일까요? (①은 6개, ②는 4개)
문제 3 뒤쪽 벽면에 닿아 있는 정육면체는 모두 몇 개입니까? (①은 6개, ②도 6개)

Let's start magic English games!

DAY 18

Check! Today's weather.
(오늘 날씨 체크 !)

- ☐ Sunny
- ☐ Cloudy
- ☐ Rainy
- ☐ Stormy
- ☐ Thundery
- ☐ Windy
- ☐ Snowy

세인으로부터 메세지가 도착해요!

키워드 **chance**

LINE 의 talk 화면에 키워드를 입력 !

★접속 방법 p.018

Magic tips

오늘을 긍정적으로 보내는 힌트

- **Find and try eating a food that you have never tasted before.**
  전에 먹어 본 적이 없는 음식을 찾아서 먹어보세요.
- **Count how many clouds you can see in the sky. Make that your lucky number for today.**
  하늘에 얼마나 많은 구름이 있는지 세어보세요. 그 숫자를 오늘 행운의 숫자로 하세요.
- **Plan what you will do on your next week-long vacation.**
  다음 주 휴가때 무엇을 할 것인지 계획을 세워보세요.

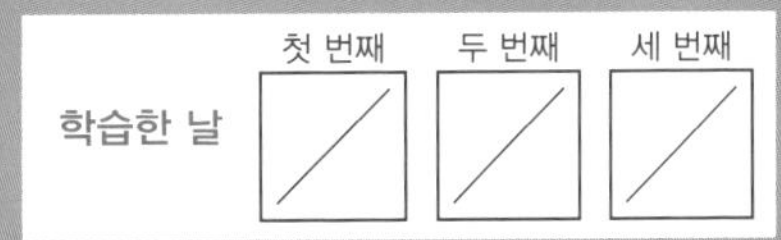

	첫 번째	두 번째	세 번째
학습한 날	/	/	/

Warm-Up Question

Q1 속담 완성하기

집중력·판단력

문제1~5는 영어속담입니다. 한국어를 참고하여 빈칸에 들어갈 어구를 고르세요.

문제 1 Bad news (　　　　　　). → 발 없는 말이 천리 간다.

문제 2 Fall seven times, (　　　　　　). → 칠전팔기.

문제 3 See no evil, hear no evil, (　　　　　　).
→ 길이 아니면 가지 말고 말이 아니면 듣지 말라.

문제 4 The nail that sticks out (　　　　　　). → 모난 돌이 정 맞는다.

문제 5 There's nothing more expensive (　　　　　　).
→ 공짜보다 비싼 것은 없다.

▶문제1~5에 이어지는 어구를 아래에서 고르세요.

① speak no evil

② travels fast

③ gets hit on the head

④ than something that's free

⑤ stand up eight

Answer

문제1	문제2	문제3	문제4	문제5
....	....	....	....	....

Q 2 단어 구분하기

다음 사각형 안의 글자는 직선을 그으면 몇 개의 단어로 나눌 수 있습니다. 힌트를 참고로 직선을 그으세요.

문제 1 **힌트** 직선 3개를 그으면 어패류 4마리로 나눌 수 있습니다.

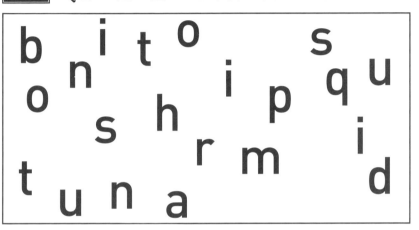

b i t o s
n i q u
o p
s h
r m i
t d
u n a

문제 2 **힌트** 직선 3 개를 그으면 곤충 4마리로 나눌 수 있습니다.

c g a c r i
c i a r s s c k
b d h o e
e e a p p t
t l e e r

Regular Question

Q 3 좌석 맞추기 게임

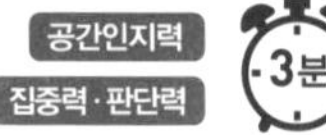

다음 그림은 어느 교실의 좌석 순서입니다. 일러스트를 잘 본 후, 다음 물음에 답하세요.

Blackboards

●Teacher

Windows

Amy	Roger	Barry
George	Jane	Lucy
Tom	Paul	John

Corridor

Locker

문제 1 How many tables are there?

Answer ……………………

문제 2 Who is the student closest to the locker?

Answer ……………………

문제 3 Which student can hear the teacher's voice most clearly?

Answer ……………………

문제 4 Who is sitting in the middle of the classroom?

Answer ……………………

Q4 올림픽 경기를 영어로 옮기세요.

다음 단어는 모두 실제로 올림픽에서 열리는 경기 이름입니다. 한국어와 영어를 선으로 그으세요.

두뇌 트레이닝 advice
오른손과 왼손으로 선을 그어 보세요!

문제 1 육상경기 ●	● 3000m steeplechase
문제 2 마장마술 · 장애물 ●	● High jump
문제 3 리듬체조 ●	● 10m platform
문제 4 축구 ●	● Horizontal bar
문제 5 근대 5종 경기 ●	● Athletics
문제 6 단거리 경기 ●	● Equestrian / Jumping
문제 7 3000m 장애물 ●	● Rhythmic gymnastics
문제 8 높이뛰기 ●	● Long jump
문제 9 멀리뛰기 ●	● Football
문제 10 10m 플랫폼 ●	● Sprint
문제 11 철봉 ●	● Modern pentathlon

정답 p.174-175

Q 5 크로스워드

세로 열쇠, 가로 열쇠를 힌트 삼아 알파벳으로 빈칸을 채워 나갑니다.

모든 칸을 채우고 Ⓐ~Ⓒ 칸에 들어갈 글자를 대문자로 답하세요.

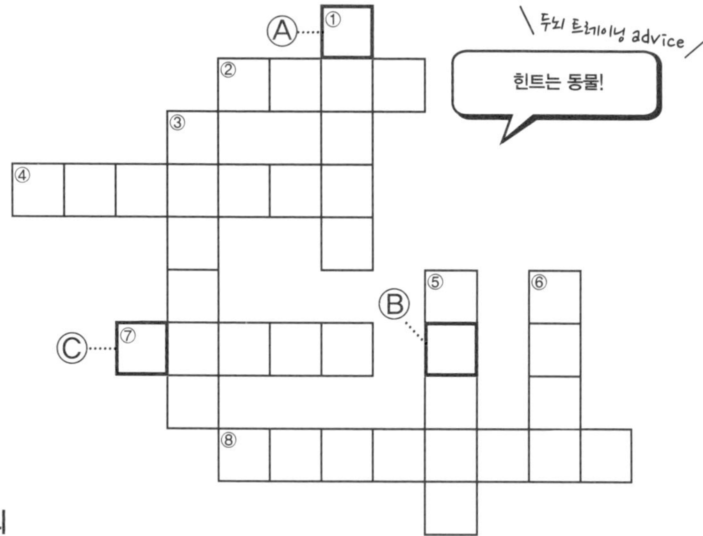

세로 열쇠

① This is an animal that you can ride in the desert.
But it's tall, so don't fall off.

③ In America, you can see me everywhere during Easter.

⑤ I'm a kind of bear, but I mainly only eat bamboo.

⑥ If I jump out of the ground, please don't hit my head with a hammer!

가로 열쇠

② This animal gives milk, but it's not a cow. It will eat anything.

④ I'm famous for my long neck and legs.

⑦ I'm a kind of cat with stripes, but I live in the zoo and in the wild. Most people are scared of me.

⑧ Santa Claus needs me to travel around the world.

Answer Ⓐ .... Ⓑ .... Ⓒ ....

듣기 문제

키워드 **wind**

LINE 의 talk 화면에 키워드를 입력!

★접속 방법 p.018

Q 6 잰말놀이 알아듣기!

미국의 잰말놀이입니다. 음성을 듣고 다음 괄호 안에 들어갈 단어를 고르세요.

기억력 집중력·판단력  ★★★

문제 1 Near the pitcher is a picture.
In the (　　　)(　　　)(　　　)(　　　).

① pitcher is the pitcher　② picture is a picture
③ picture is a pitcher

Answer ....

문제 2 Marilyn Monroe arrived at the (　　　)(　　　)(　　　)(　　　) station.

① lounge of the railroad　② gate of the lounge
③ road of the railway

Answer ....

문제 3 Sally says she (　　　)(　　　)(　　　) of shell shock.

① showed serious signs　② sold series signs
③ saw serious kinds

Answer ....

문제 4 The three of them threw the ball (　　　)(　　　)(　　　).

① thought three times　② throughout the three
③ through the trees

Answer ....

문제 5 "Sigh the signature sheet soon," said (　　　)(　　　)(　　　).

① Sam Smith Sheriff　② Sheriff Sam Smith
③ Sheriff Sam soon

Answer ....

p.168-173 해답 & 해설

Q1

해답 문제 1 ② 문제 2 ⑤ 문제 3 ①
문제 4 ③ 문제 5 ④

해설 문제 1 Bad news travels fast.
(발 없는 말이 천리 간다.)
문제 2 Fall seven times, stand up eight.
(칠전팔기)
문제 3 See no evil, hear no evil, speak no evil. (길이 아니면 가지 말고 말이 아니면 듣지 말라.)
문제 4 The nail that sticks out gets hit on the head. (모난 돌이 정 맞는다.)
문제 5 There's nothing more expensive than something that's free.
(공짜보다 비싼 것은 없다.)

Q2

해답 문제 1

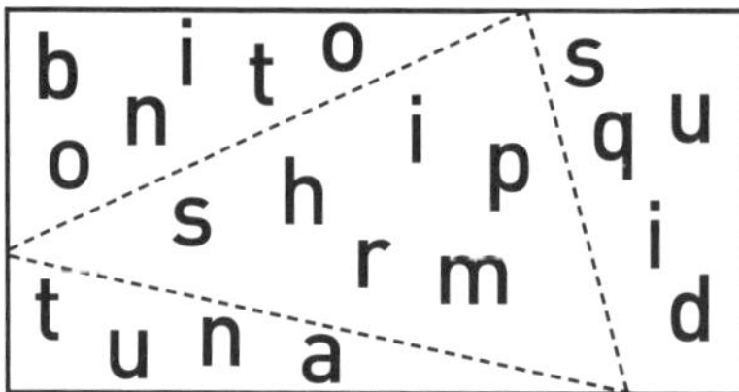

문제 2

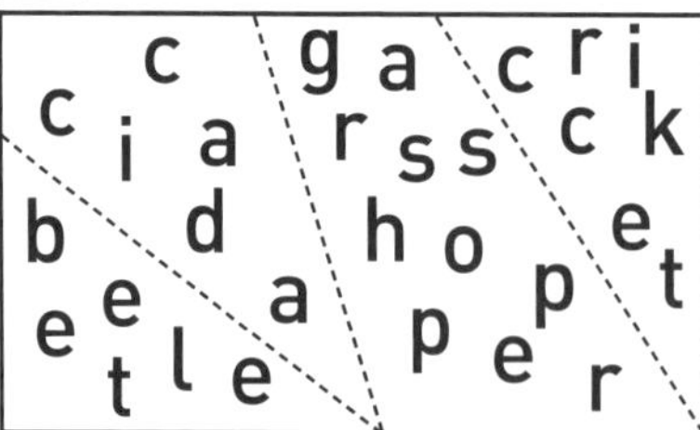

해설 문제 1 왼쪽부터 bonito(가다랑어), tuna(참치), shrimp(새우), squid(오징어)
문제 2 왼쪽부터 beetle (장수풍뎅이), cicada (매미), grasshopper (여치/메뚜기), cricket(귀뚜라미)

Q3

해답 문제 1 nine (9) 문제 2 John
문제 3 Amy 문제 4 Jane

해설 문제 1 테이블은 몇 개 있습니까?
문제 2 사물함에서 가장 가까운 학생은 누구입니까?
문제 3 선생님의 목소리를 가장 선명하게 들을 수 있는 학생은 누구입니까?
문제 4 교실 한가운데 앉아 있는 사람은 누구입니까?

Q4

해답

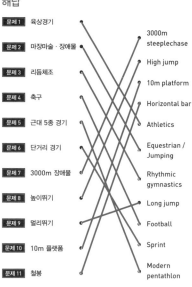

문제 1 육상경기
문제 2 마장마술 · 장애물
문제 3 리듬체조
문제 4 축구
문제 5 근대 5종 경기
문제 6 단거리 경기
문제 7 3000m 장애물
문제 8 높이뛰기
문제 9 멀리뛰기
문제 10 10m 플랫폼
문제 11 철봉

3000m steeplechase
High jump
10m platform
Horizontal bar
Athletics
Equestrian / Jumping
Rhythmic gymnastics
Long jump
Football
Sprint
Modern pentathlon

Q5

해답 Ⓐ C Ⓑ A Ⓒ T

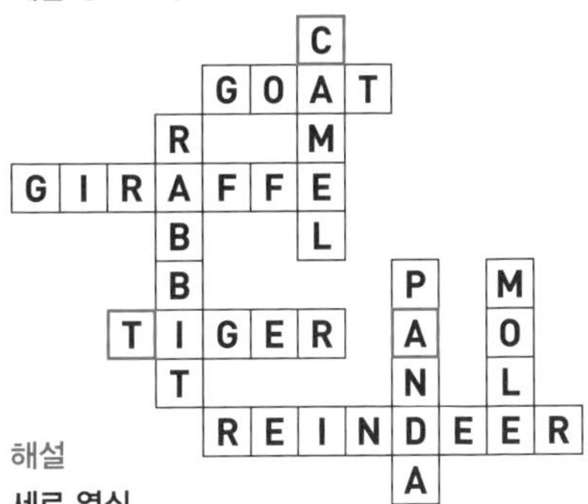

해설

세로 열쇠

① 이것은 사막에서 탈 수 있는 동물입니다. 하지만 높으니까 떨어지지 않도록 하세요.

③ 미국에서는 부활절 동안 어디서든 나를 볼 수 있지요.

⑤ 곰의 일종이지만 주로 대나무만 먹습니다.

⑥ 땅에서 튀어나오면 망치로 머리를 때리지 마세요!

가로 열쇠

② 이 동물은 우유를 주지만, 소는 아닙니다. 아무거나 먹습니다.

④ 나는 긴 목과 다리로 유명합니다.

⑦ 나는 줄무늬가 있는 고양이의 일종이지만 동물원과 야생에서 살고 있습니다. 대부분의 사람들은 나를 무서워합니다.

⑧ 산타클로스는 전세계를 여행하기 위해서 나를 필요로 합니다.

Q6

해답 문제 1 ③ 문제 2 ① 문제 3 ①
문제 4 ③ 문제 5 ②

해설 문제 1 Near the pitcher is a picture. In the picture is a pitcher. (투수 근처에 그림이 있습니다.. 그 그림에 그려져 있는 것은 투수입니다.

문제 2 Marilyn Monroe arrived at the lounge of the railroad station. (마릴린 먼로가 기차역 라운지에 도착했습니다.)

문제 3 Sally says she showed serious signs of shell shock. (샐리는 포탄 쇼크의 심각한 징후가 나타났다고 말합니다.)

문제 4 The three of them the ball through the trees.(그들 중 3명이 나무들 사이로 공을 던졌습니다.)

문제 5 "Sigh the signature sheet soon." said Sheriff Sam Smith. ('서명용지에 즉시 사인해 주십시오'라고 샘 스미스 보안관은 말했습니다.)

Look Back Question

앞 페이지를 떠올려 다음 질문에 답하세요.

★답은 칸밖에 거꾸로 써 있습니다.

문제 1 DAY 16 첫 페이지의 숫자 모양은 무엇이었습니까?

문제 2 DAY 17 키워드는 무엇이었습니까?

문제 3 DAY 18 Magic tips에 나온 것은 lucky___?

Look Back Question의 정답

문제 1 화살무늬 (traditional arrow pattern) 문제 2 action 문제 3 number

〈칼럼 6〉

웃음과 웃는 얼굴이 가져오는 절대적인 효과

Fortune comes in by a merry gate.(행운은 쾌활한 문으로부터 온다 →소문만복래)라고 말하듯 '웃는 얼굴'이 가져오는 효과는 절대적입니다. 최근에는 수많은 연구 데이터에 의해서도, 그 파워와 영향력을 알 수 있게 되었습니다.

캘리포니아에 있는 로마린다대학의 연구 결과에 따르면, 생활에 유머를 넣으면, 고령자의 단기기억의 능력이 활성화되어, 스트레스 레벨이 내려가는 것이 명백합니다. 스트레스는 기억에 관련된 뇌 안의 해마를 위축시키기 때문에 매일 웃음을 불어 넣음으로써 건강 개선에 효과를 기대할 수 있습니다.

또 영국의 연구자에 따르면 웃는 얼굴은 '뇌의 보상 메카니즘'을 자극합니다. 웃으면 뇌 안의 호르몬인 엔돌핀이 분비되어 행복감을 가져다줄 뿐 아니라 모르핀의 몇 배의 진정작용으로 통증을 줄여준다든지 합니다.

캘리포니아대학의 실험에서는 입꼬리를 올려 눈가에 주름을 만드는 것만으로 뇌가 긍정적인 상태로 변화하는 것이 판명되었습니다. 그 때문에 미국에서는 정신 건강을 지키는 트레이닝에도 일부러 웃는 얼굴이 응용되고 있습니다.

우연한 순간에 입꼬리를 올리는 것을 습관으로 하면 뇌에도 대인 관계에도 뜻밖의 좋은 효과가 있을 것 같습니다.

해답은 여기
키워드
team
LINE 의 talk 화면에 키워드를 입력 !
★접속 방법 p.018

★보너스 문제

18일간의 두뇌 트레이닝 수고하셨습니다!

마지막으로 보너스문제입니다.

Answer

문제 1 red-eye flight 의 의미는 무엇입니까? ....

문제 2 RSVP는 어떤 약어입니까? ....

문제 3 It's on me.를 사용하기 쉬운 장면은 어떤 경우입니까? ....

문제 4 dime의 의미는 무엇입니까? ....

문제 5 Timber!의 의미는 무엇입니까? ....

문제 6 funny bone은 어디에 있습니까? ....

문제 7 bus boy의 직업은 무엇입니까? ....

문제 8 a buck이란 얼마(몇 달러)를 말하는 겁니까? ....

문제 9 practicing doctor의 직업은 무엇입니까? ....

문제 10 tomboy의 의미는 무엇입니까? ....

문제 11 calf란 몸의 어느 부분입니까? ....

문제 12 sumo stable의 의미는 무엇입니까? ....

문제 13 peep라고 우는 동물은 무엇입니까? ....

문제 14 lobe의 의미는 무엇입니까? ....

문제 15 teeter-totter의 의미는 무엇입니까? ....

문제 16 무게를 나타내는 "lb."는 무엇의 약자입니까?

맺음말

영어를 친한 것'으로 하여, 예리한 두뇌를 유지!

18일 간의 두뇌 트레이닝을 마친 지금 기분은 어떻습니까?

이 책에는 '주사위 문제'나 '계산 문제' '도형 문제'라고 하는 입시에 나올 것 같은 두뇌 트레이닝 문제부터 '일상 영어회화'나 '잰말놀이'에 관한 영어 퀴즈까지, 영어와 관련되는 모든 문제를 과감히 랜덤으로 집어넣었습니다.

언뜻 보기에는 통일감이 없는 책으로 생각했을지도 모르지만, '영어를 친하게 느껴 주었으면' 하는 염원을 담은 결과입니다.

가벼운 영어 끝말잇기 다음에 집중력이 필요한 듣기 문제가 있거나, 산수 문제 다음에 속담을 배우는 등 언뜻 보면 제각각인 퀴즈에 의해 마치 마법을 건 것처럼 뇌가 여러 각도에서 크게 자극을 받았을 것입니다.

뇌의 가능성은 무한대입니다.

앞으로도 일상생활 속에서 조금이라도 영어를 접할 기회를 늘려 주세요.

날마다의 축적이 새로운 회로를 형성하여 언제까지나 예리한 뇌를 유지하게 합니다.

여러분의 새로운 여행길의 어딘가에서, 또 만날 날을 기대하고 있겠습니다.

Keep up the good work!

데이비드 세인

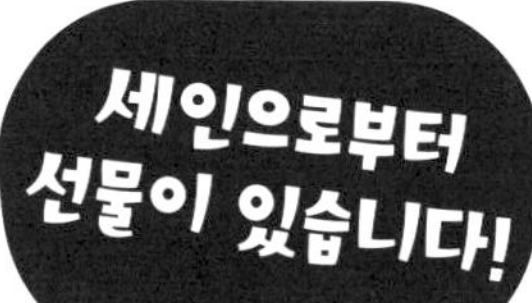

'영어로 두뇌 트레이닝'
졸업장을 드립니다.

키워드 **congrats**

지금 당장 체크하세요!

이 책은 데이비드 세인이 지은 『魔法の英語脳トレ』를 《마법의 영어 두뇌 트레이닝》이라는 제목으로 옮긴 것입니다. 저자는 일본에서의 30년에 걸친 영어지도의 실적을 살려서 영어학습서, 교재를 저서로 간행하여 대부분이 베스트셀러가 되었고, NHK방송 출연, 아사히신문 연재 및 기업 · 학교 등에서의 강연회와 세미나 개최, 온라인 영어회화교실 운영 등 왕성한 영어교육활동을 펼치고 있습니다.

저자는 '게임 감각으로 두뇌 트레이닝을 하면서 마법처럼 영어두뇌를 만든다'라는 이 책의 출판의도를 살리기 위해 퍼즐, 크로스워드, 끝말잇기, 틀린 그림찾기, 계산, 도형 등 다양한 형태로 이 책을 구성하였습니다.

이 책은 발매되고 얼마 지나지 않아서 일본의 아마존 랭킹 사이트에서 영어학습법 분야 판매순위 1위를 기록할 만큼 인기를 얻었으며 지금도 꾸준히 리뷰가 올라오고 있습니다.

일본어를 전공한 역자가 영어와 일본어로 된 이 책을 번역하려고 선택한 이유는 한국사람들이 잘하고 싶어하는 두 가지 즉 영어와 두뇌개발을 동시에 다루고 있기 때문이었습니다. 그러나 막상 번역작업에 들어가 보니 그리 호락호락한 것이 아니었습니다. 예를

들어 미국 애니메이션 영화 'Frozen'('얼어붙은'이라는 뜻)을 한국에서는 '겨울왕국' 이라고 하고, 일본에서는 'アナと雪の女王'(아나와 눈의 여왕)이라고 하는 것처럼 같은 영어라고 해도 한국과 일본에서 다르게 번역되고, '주유소'(gas station)를 'ガソリンスタンド(gasoline stand)'라고 하는 일본식 영어(和製英語)를 어떻게 처리할지 등 어려움이 있었습니다만, 영어 전문가의 도움을 받아가며 첫 번역작으로 내놓게 되었습니다. 이 책이 나올 수 있게 도움을 주신 박이정 출판사 박찬익 사장님과 편집 담당 유동근 대리님, 그리고 엔터스코리아 에이전시의 이시자키 요시코 님께 감사의 말씀을 드립니다.

독자 여러분께 이 책이 영어를 게임감각으로 재미있게 공부하면서 두뇌계발에도 활용되어 영어 공부 새로 시작하기의 길잡이가 되기를 바랍니다. 마지막으로 번역의 모든 책임은 역자에게 있으며 QR코드 읽기와 LINE 사용은 일본어 사이트에서 이루어지므로 질문이나 궁금한 점 등은 메일로 보내주시면 성실히 답변드리겠습니다.

2021년

손경호